よくわかる
事業承継税制特例措置 Q&A

税理士法人　髙野総合会計事務所
梶原章弘・高中恵美・深川 雄 著

経済法令研究会

はしがき

　わが国の中小企業は、日本経済・地域経済を支える基盤であり、雇用の受け皿として極めて重要な役割を担っています。しかしながら、わが国は急速な少子・高齢化を迎え、経営者の高齢化が進むなか、後継者の確保は年々困難となっています。

　このような現状を鑑みて、中小企業庁も平成30年度からの５年ないしは10年間を事業承継の集中実施期間と考え、平成30年度税制改正において事業承継税制の改正が行われ、制度の適用対象者や猶予税額の割合の拡大などを盛りこんだ事業承継税制の特例措置を創設し、事業承継を強力に推し進めています。

　本書は、その事業承継税制の特例措置につき、主に金融機関の行職員の方々に向け、制度の概要や特例措置の内容について図表等を用いてできるだけわかりやすく解説したものです。この特例措置は、贈与税・相続税それぞれで定められている制度ですが、内容についてはほぼ同様のものとなっており重複記述を避けるため各項目ごとにまとめて記述し、そのＱの冒頭に相続税・贈与税の別を明記しています。

　なお、本書は２章立てになっていますが、読者の皆さまが理解しやすいように、第１章において、事業承継税制を理解する前提として必要となる贈与税・相続税の基本的知識について解説し、第２章において、事業承継税制の特例措置の概要を解説するという構成になっています。

　金融機関においても、中小企業の事業承継問題は喫緊の最重要課題として位置づけられており、企業として存続できるにもかかわらず、企業の実情に対する認識が不足し、事業承継の方法やタイミングを見誤り、事業承継への着手を先送りしたために後継者を確保できず結果として廃業に追い込まれるという最悪の事態は何としても避けなければなりません。

　金融機関の方々には実際に事業承継の場面を迎えている取引先、また今

後事業の承継を検討される取引先への有益な情報提供および適切なアドバイスができるよう、本書をご活用いただけることを願ってやみません。

平成31年2月

目 次

第1章 贈与税・相続税の基本 —事業承継税制の理解のために

- Q1 事業承継税制の導入背景について教えてください。
  ＜贈与税・相続税＞ ………………………………………………… 2
- Q2 贈与税の概要について教えてください。＜贈与税＞ …………… 6
- Q3 暦年課税について教えてください。＜贈与税＞ ………………… 8
- Q4 相続時精算課税制度について教えてください。＜贈与税＞ …… 11
- Q5 非上場株式の税務上（贈与税・相続税）の評価方法の概要について教えてください。＜贈与税・相続税＞ ………………………… 14
- Q6 相続税の計算方法について教えてください。＜相続税＞ ……… 20

第2章 事業承継税制特例措置の概要

- Q7 平成30年度税制改正の事業承継税制改正のポイントについて教えてください。＜贈与税・相続税＞ ………………………………… 24
- Q8 贈与税・相続税の納税猶予制度（特例措置）の概要を教えてください。＜贈与税・相続税＞ ………………………………………… 27
- Q9 贈与税・相続税の納税猶予割合はどのようになりますか。
  ＜贈与税・相続税＞ ………………………………………………… 30
- Q10 納税猶予制度（特例措置）の手続の流れを教えてください。
  ＜贈与税・相続税＞ ………………………………………………… 33
- Q11 贈与税・相続税の特例承継計画とはどのようなものでしょうか。
  ＜贈与税・相続税＞ ………………………………………………… 36
- Q12 納税猶予制度（特例措置）の対象となる会社の要件はありますか。
  ＜贈与税・相続税＞ ………………………………………………… 40
- Q13 先代経営者の要件はどのようなものがありますか。
  ＜贈与税・相続税＞ ………………………………………………… 43

Q14	先代経営者「以外」からの承継は可能でしょうか。 ＜贈与税・相続税＞ ………………………………………… 45
Q15	後継者の要件はどのようなものがありますか。 ＜贈与税・相続税＞ ………………………………………… 48
Q16	後継者が複数いる場合の要件について教えてください。 ＜贈与税・相続税＞ ………………………………………… 50
Q17	すでに一般措置を適用している場合に特例措置への切替えは可能ですか。＜贈与税・相続税＞ ……………………………… 54
Q18	先代経営者が最低限贈与しなければならない株式の制限はありますか。＜贈与税＞ …………………………………………… 57
Q19	贈与税の納税猶予制度と相続時精算課税制度の併用について教えてください。＜贈与税・相続税＞ ……………………… 60
Q20	贈与税・相続税の認定取消事由にはどのようなものがありますか。 ＜贈与税・相続税＞ ………………………………………… 62
Q21	納税猶予が打ち切られた場合はどうなりますか。 ＜贈与税・相続税＞ ………………………………………… 66
Q22	経営承継期間内における雇用確保要件について教えてください。 ＜贈与税・相続税＞ ………………………………………… 68
Q23	資産保有型会社、資産運用型会社について教えてください。 ＜贈与税・相続税＞ ………………………………………… 71
Q24	担保提供について教えてください。＜贈与税・相続税＞ ……… 74
Q25	後継者が株式を譲渡または贈与した場合はどうなりますか。 ＜贈与税・相続税＞ ………………………………………… 76
Q26	贈与者である先代経営者が死亡した場合はどうなりますか。 ＜贈与税・相続税＞ ………………………………………… 78
Q27	贈与者に相続があった場合の「切替確認」の要件を教えてください。 ＜贈与税＞ ……………………………………………………… 81
Q28	租税回避等により特例措置を適用できない場合はありますか。 ＜贈与税・相続税＞ ………………………………………… 83

■ 資料

第1章

贈与税・相続税の基本
―事業承継税制の理解のために

Q1 事業承継税制の導入背景について教えてください。

贈与税　相続税

A 平成20年に施行された「中小企業における経営の承継の円滑化に関する法律」（以下、「経営承継円滑化法」といいます）にもとづき、議決権株式の分散を防止することにより安定的な経営の継続を確保することを目的として、平成21年度税制改正により「非上場株式等についての贈与税及び相続税の納税猶予・免除制度」（以下、「事業承継税制」といいます）が創設されました。

1 事業承継税制の概要

　事業承継税制は、事業の継続と発展を通じた雇用確保と地域経済の活力維持を目的として、中小企業の事業承継の円滑化に資するための制度です。会社の事業承継において、経営者から後継者へ株式を贈与・相続・遺贈する場合の贈与税・相続税について納税を猶予し、後継者の死亡等一定の場合に該当した際に、猶予されている贈与税・相続税の納付が免除されます。
　事業承継税制は創設以来、幾度かの税制改正を経て利便性が向上したものの、充分な活用がされているとは言えません。

2 中小企業の事業承継の実態について

　中小企業庁の調査によると、中小企業の経営者の平均引退年齢は、会社の規模や業種によっても異なりますが、67歳〜70歳です。現在の経営者の年齢分布を踏まえると、今後5年程度で多くの中小企業が事業承継のタイ

ミングを迎えると予想されます。

　中小企業がこれまでの経営基盤を損なわないように、事業承継に向けた取組みをスムーズに進めることが、経営者と後継者のみならず、日本のこれからを左右する重要な課題なのです。

【中小企業の経営者年齢の分布（年代別）】

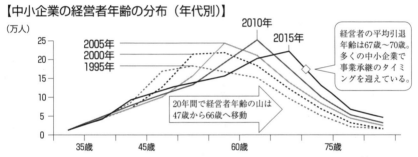

資料：中小企業庁委託調査「中小企業の成長と投資行動に関するアンケート調査」（2015年12月、㈱帝国データバンク）、㈱帝国データバンク「COSMOS 1 企業単独財務ファイル」、「COSMOS 2 企業概要ファイル」再編加工

【中小企業の平均引退年齢の推移】

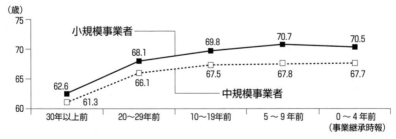

資料：中小企業庁委託調査「中小企業の事業承継に関するアンケート調査」（2012年11月、㈱野村総合研究所）　（出典：中小企業庁「経営者のための事業承継マニュアル」より抜粋）

前頁図「中小企業の経営者年齢の分布（年代別）」によると、1995年では47歳の経営者が最も多く、20年経過した2015年には66歳が最も多くなっていますので、事業承継の場面を迎えていない会社が数多く存在していることがわかります。今後10年程度で多くの中小企業が事業承継の場面を迎えることになるでしょう。

　下図からもわかるように、現状を放置すると2025年には、平均引退年齢が70歳を超える中小企業・小規模事業者の経営者は約245万人となり、うち約半数の127万（日本企業全体の3分の1）が後継者未定の状態になるものと考えられます。

【中小企業・小規模事業者の経営者の2025年における年齢】

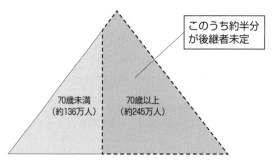

資料：平成28年度総務省「個人企業経済調査」、平成28年度㈱帝国データバンクの企業概要ファイルから推計
（出典：中小企業庁平成30年度「中小企業・小規模事業者関係　税制改正について」（平成29年12月））

　また、経営者の高齢化の背景には後継者不足が関係しており、法人経営者の3割程度が後継者不在を理由に廃業を予定しています。
　廃業を予定していると回答した中小企業のうち、4割を超える企業が「今後10年間の事業の将来性について、事業の維持、成長が可能」と回答しているにもかかわらず、後継者の確保ができずに廃業を選択せざるを得ない状況に陥っている実態があります（上記「中小企業の事業承継に関するインターネット調査」7頁・図8「今後10年間の事業の将来性（類型

第1章 贈与税・相続税の基本 ─ 事業承継税制の理解のために

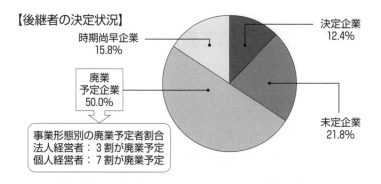

【後継者の決定状況】

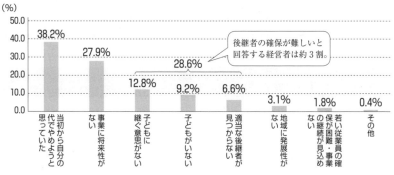

【廃業を予定している理由】

資料：日本政策金融公庫総合研究所「中小企業の事業承継に関するインターネット調査」(2016年2月) 再編加工　(出典：中小企業庁「経営者のための事業承継マニュアル」加工)

別)」参照)。廃業になると、これまでの事業運営で培ってきた貴重な経営資源が失われてしまうことになり、日本経済、地域経済に与える影響は甚大です。

そこで、これらの実態を踏まえ、事業承継が円滑に進められるよう平成30年度税制改正において事業承継税制が改正され、中小企業の積極的な事業承継が後押しされることとなりました。

以下、Q2以降において、事業承継税制を理解する前提としての贈与税・相続税の基本知識を解説します。

Q2 贈与税の概要について教えてください。

贈与税

A 贈与とは、贈与者（あげる人）の意思表示に対し、受贈者（もらう人）の意思表示があって成立する契約です。贈与が成立すると財産をもらった人が贈与税の申告・納付をします。贈与税の課税方法には、原則的な課税方式である「暦年課税制度」と一定の要件に該当する場合に選択可能な「相続時精算課税制度」があります。

1 贈与税の課税方法

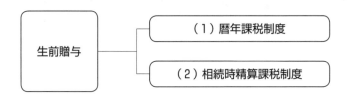

（1）暦年課税制度

1月1日から12月31日までの1年間に個人からもらった財産を合計し、その合計額が基礎控除額（110万円/年）を超える場合、その超える部分に対して贈与税が課税されます。

なお相続等により財産を取得した者が、その相続開始前3年以内に被相続人から贈与により財産を取得していた場合には、その財産は相続財産に加算する必要があるため、注意が必要です。

（2）相続時精算課税制度

60歳以上の親等、特定贈与者から20歳以上の子・孫等の直系卑属（相続

時精算課税適用者）に対し贈与をした場合、相続時精算課税の選択が可能となります。相続時精算課税制度を選択した場合の贈与税額は、贈与財産の価額から特別控除額2,500万円を控除し、控除後の額に一律20％の税率を乗じて算出します。その後、贈与者が亡くなったときに、相続財産に相続時精算課税制度により取得した財産の価額を加算して相続税額を算出します。その際に、すでに納付した相続時精算課税制度に係る贈与税額を相続税額から控除します。

　一度、相続時精算課税制度を選択すると、その特定贈与者からの贈与については暦年課税制度の適用はできないため注意が必要です。

　なお、相続時精算課税制度は60歳以上の父母・祖父母等から20歳以上の子・孫等への贈与が対象になりますが、事業承継税制（特例措置）においてはその適用範囲が拡大しています。（詳細はＱ19を参照）

2　実務上のポイント

　非上場株式を後継者へ生前に贈与する場合には、暦年課税制度または相続時精算課税制度のいずれかを選択することになります。（詳細はＱ3、Ｑ4参照）

Q3 暦年課税について教えてください。

贈与税

A 暦年課税とは、1月1日から12月31日までの1年間に個人からもらった財産を合計し、その合計額が基礎控除額（110万円/年）を超える場合、その超える部分に対して贈与税が課税される制度です。

1 暦年課税制度の計算式および贈与税率

【暦年課税のイメージ図】

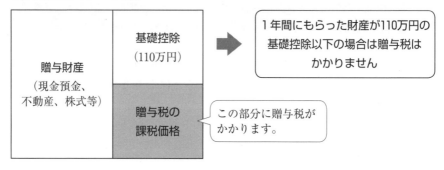

　暦年課税制度の贈与税の計算式および税率は以下のとおりです。
【暦年課税制度の税額計算方法】
（贈与財産－基礎控除110万円）×速算表の税率＝贈与税額
　次頁左の速算表は、直系尊属（祖父母や父母等）から、20歳以上の者（子・孫等）への贈与税の計算に使用します。次頁右の速算表は、それ以外の場合、たとえば兄弟間や夫婦間の贈与のケース等に使用します。

【贈与税の速算表】

直系尊属(父母・祖父母等)⇒20歳以上の子・孫の場合			左記以外の通常の場合		
基礎控除後の課税価格	税率	控除額	基礎控除後の課税価格	税率	控除額
200万円以下	10%	—	200万円以下	10%	—
400万円以下	15%	10万円	300万円以下	15%	10万円
600万円以下	20%	30万円	400万円以下	20%	25万円
1,000万円以下	30%	90万円	600万円以下	30%	65万円
1,500万円以下	40%	190万円	1,000万円以下	40%	125万円
3,000万円以下	45%	265万円	1,500万円以下	45%	175万円
4,500万円以下	50%	415万円	3,000万円以下	50%	250万円
4,500万円超	55%	640万円	3,000万円超	55%	400万円

2 相続時における3年以内贈与加算について

相続等により財産を取得した者が、その相続開始前3年以内に被相続人から贈与により財産を取得していた場合には、贈与により取得した財産は相続財産に加算されます。

相続開始前3年以内の贈与は相続財産に加算

⇒相続開始前3年以内の贈与は相続財産に加算

なお、贈与税の納税猶予の適用を受けた株式については、その贈与が相続開始前3年以内か否かにかかわらず、その株式を死亡した先代経営者等から相続または贈与により取得したものとみなして相続財産に加算することになります（Q26参照）。

3 実務上のポイント

　暦年課税制度の場合、税率が累進税率となっており、贈与財産の価額が高くなるほど税率も高くなります。そのため、実務上は税負担を考慮し、少ない数の株式を複数年にわたり贈与することも多く、結果として株式の承継が完了するまで相当の期間を要することも少なくありません。従来は、低い税率でより多くの株式を承継することを目的とした、株価引下げ対策が多く行われてきましたが、事業承継税制の特例措置の創設により、株価の引下げを行わずに、後継者に株式を承継する方法も選択できるようになりました。

Q4 相続時精算課税制度について教えてください。

贈与税

A 相続時精算課税制度を選択した場合、贈与税の特別控除額2,500万円を利用することができます。贈与財産の価額が2,500万円を超える場合には2,500万円控除後の額に一律20％の税率を乗じて贈与税を算出します。

1 相続時精算課税制度の概要

　相続時精算課税制度とは、60歳以上の親等（特定贈与者）から20歳以上の子・孫等の直系卑属（相続時精算課税制度適用者）に対し贈与をした場合に選択できる贈与税の制度です。相続時精算課税制度を選択した場合の贈与税の額は、贈与財産の額から特別控除額2,500万円を控除し、控除後の額に一律20％の税率を乗じて算出します。

　その後、特定贈与者が亡くなったときに、相続財産に相続時精算課税制度により取得した財産の価額を合算して相続税額を算出します。その際すでに納付した相続時精算課税に係る贈与税額を相続税額から控除して計算します。

【相続時精算課税制度のイメージ図】

1. 財産の贈与時

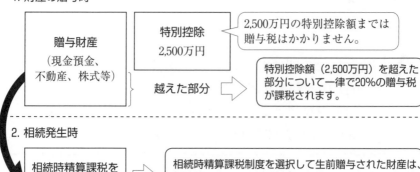

2. 相続発生時

2　相続時精算課税制度を適用する際の留意点

　相続時精算課税制度を選択すると、特定贈与者から相続時精算課税制度適用者への贈与については、その選択をした年分以降すべてこの制度が適用され、暦年課税制度に変更することができないため留意が必要です。

【暦年課税制度との比較検討】

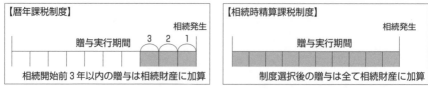

同一の贈与者からの贈与は暦年課税に戻せない⇒暦年課税制度との比較検討が重要！

　上の図のとおり、暦年課税制度による贈与では相続開始前3年以内の贈

与財産を相続財産に加算するのに対し、相続時精算課税制度を適用した場合には、本制度選択後の贈与財産はすべて相続財産に加算する必要があります。相続時精算課税制度を選択すると暦年課税制度には戻せないため、適用前に暦年課税制度との比較検討をすることが重要となります。

3 実務上のポイント

相続時精算課税制度を利用して後継者に非上場株式を贈与する場合には、退職金の支給や財産の整理等を行い、株価の引下げ対策を行ったタイミングで株式の贈与を行ったほうが、有利な場合があります。これは贈与財産を贈与時の価額で相続財産に加算して相続税を計算するためです。

【相続時精算課税制度の活用ポイント】
※贈与する財産の種類に注意！

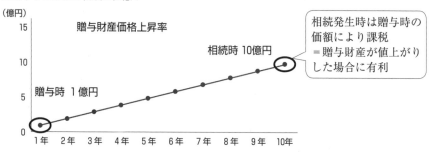

・相続時に加算される生前贈与財産の価額は、贈与時の価額（特別控除前）
　⇒相続時の評価が贈与時より上昇した場合、贈与の価額で評価するため有利

なお、相続時精算課税制度は60歳以上の父母・祖父母等から20歳以上の子・孫等への贈与が対象になりますが、事業承継税制（特例措置）においてはその範囲が拡大しています。贈与による事業承継税制の適用を行う場合は、暦年課税による贈与とするか、相続時精算課税による贈与とするか、十分に検討する必要があります。（詳細はＱ19を参照）

Q5 非上場株式の税務上(贈与税・相続税)の評価方法の概要について教えてください。

贈与税 相続税

A 非上場株式は、その株式を取得した者が会社の経営支配力を持っているかや、株式の所有割合等により評価方法が異なり、原則的評価方式と特例的評価方式の2つに大きく分けられます。

1 非上場株式の原則的評価方式

　同族株主等(会社に影響力を及ぼすことができる株主)が所有する株式は原則的評価方式で評価を行います。

　具体的には、評価する株式を発行した会社を「大会社・中会社・小会社」に区分し、その会社の規模に応じて類似業種比準方式、純資産価額方式、もしくは両者の併用方式のいずれかにより評価することになります。一般的に社歴が長く内部留保が多い会社の場合は、類似業種比準方式で評価した方が株価が低くなる傾向があります。

(1)類似業種比準価額方式

　国税庁から公表される、事業の内容が類似する上場会社の平均株価をもとに、1株あたりの「配当金額」「利益金額」「純資産価額」の3つの要素を比準し評価会社の株価を計算する方法です。

(2)純資産価額方式

　評価時点における会社の純資産(資産-負債)を相続税評価額に洗い替えて評価会社の株価を計算する方法です。

(3)併用方式

　類似業種比準価額と純資産価額を会社の規模に応じた割合で組み合わせ

て計算する方法です。

【会社規模の判定】

	[ト] 直前期末以前1年間における従業員数に応ずる区分				70人以上の会社は、大会社（[チ] および [リ] は不要）			
					70人未満の会社は、[チ] および [リ] により判定			
	[チ] 直前期末の総資産価格（帳簿価額）および直前期末以前1年間における従業員数に応ずる区分				[リ] 直前期末以前1年間の取引金額に応ずる区分			会社規模とLの割合（中会社）の区分
	総資産価額（帳簿価額）				取 引 金 額			
	卸売業	小売・サービス業	卸売、小売・サービス業以外	従業員数35人超	卸売業	小売・サービス業	卸売、小売・サービス業以外	
判定	20億円以上	15億円以上	15億円以上		30億円	20億円以上	15億円以上	大会社
基準	4億円以上20億円未満	5億円以上15億円未満	5億円以上15億円未満	35人超	7億円以上30億円未満	5億円以上20億円未満	4億円以上15億円未満	0.90 |中会社
	2億円以上4億円未満	2.5億円以上5億円未満	2.5億円以上5億円未満	20人超35人以下	3.5億円以上7億円未満	2.5億円以上5億円未満	2億円以上4億円未満	0.75
	7,000万円以上2億円未満	4,000万円以上2.5億円未満	5,000万円以上2.5億円未満	5人超20人以下	2億円以上3.5億円未満	6,000万円以上2.5億円未満	8,000万円以上2億円未満	0.60
	7,000万円未満	4,000万円未満	5,000万円未満	5人以下	2億円未満	6,000万円未満	8,000万円未満	小会社

・「会社規模とLの割合（中会社）」の区分」欄は、[チ] 欄の区分（「総資産価額（帳簿価額）」と「従業員数」とのいずれか下位の区分）と [リ] 欄（取引金額）の区分とのいずれか上位の区分により判定します。

```
                    ┌──────────────┐
                    │  原則的評価方式  │
                    └──────┬───────┘
                ┌──────────┴──────────┐
        ┌───────────────┐      ┌───────────────┐
        │  純資産価額方式  │      │  類似業種比準方式 │
        └───────────────┘      └───────────────┘
```

資産 － 負債 ＝ 純資産

会社の資産から負債を控除した純資産を基に計算する方法

(配 当)　(利 益)　(純資産)

類似する上場会社の株価に上場会社と評価会社の上記3要素を比準して計算する方法

※一般的に純資産価額方式の方が類似業種比準方式よりも評価額は高くなる傾向にある

【会社規模にもとづく評価方法】

会社の規模		同族株主等（選択適用）		少数株主
大会社		類似業種比準方式	純資産価額方式	配当還元方式
中会社	大	類似と純資産の併用方式 （類似×90％＋純資産×10％）	純資産価額方式	配当還元方式
中会社	中	類似と純資産の併用方式 （類似×75％＋純資産×25％）	純資産価額方式	配当還元方式
中会社	小	類似と純資産の併用方式 （類似×60％＋純資産×40％）	純資産価額方式	配当還元方式
小会社		純資産価額方式	類似と純資産の併用方式 （類似×50％＋純資産×50％）	配当還元方式

2 特例的評価方式（配当還元方式）

　会社経営に影響力を及ぼさない少数株主（同族株主等以外の株主）が取得した株式は特例的評価方式（配当還元方式）で評価を行います。一般的

に特例的評価方式は、原則的評価方式に比べ、評価額が低くなる傾向にあります。配当還元方式は、評価会社の1株当たりの年配当金額をもとに株価を計算する方法です。1株あたりの年配当金額は、記念配当や特別配当を除いた直前期末以前2年間の配当金額の平均により計算します。

【配当還元方式の計算式】

$$1株当たり配当還元価額 = \frac{その株式に係る年配当金額^{※}}{10\%} \times \frac{その株式の1株当たりの資本金等の額}{50円}$$

$$※\ その株式に係る年配当金額 = \frac{直前期末以前2年間の配当金額合計}{2} \div 1株当たりの資本金等の額を50円とした場合の発行済株式数$$

その株式に係る1株当たりの年平均配当金額が2円50銭未満の場合には、2円50銭とします。
(銭未満切捨て)

　上記算式は、複雑な算式のように見えますが、原則的評価方式と比較すると、計算自体は非常に簡便であり、その株式を所有することによって受ける配当金のみに着目して、評価対象会社の過去2年間の年平均配当金額を10%で割り戻して株式の評価額を算出します。

3　特定の評価会社

　非上場会社の実態から鑑みて、類似業種比準方式の適用を制限すべきと認められる会社については、「特定の評価会社」(株式保有特定会社、土地保有特定会社等) として区分し、原則として純資産価額方式により評価します。

（1）比準要素数1の会社
　「比準要素数1の会社」とは、類似業種比準方式における3要素（1株当たりの配当金額、利益金額、純資産価額）のうち、いずれか2要素が直前期末、直前々期末においてもゼロである会社をいいます。

（2）株式保有特定会社
　「株式保有特定会社」とは、課税時期において、評価会社が保有する株式等の価額（相続税評価額）の割合が総資産価額（相続税評価額）に対して50％以上である会社をいいます。
　なお、平成30年1月1日以降、「新株予約権付社債」が「株式等」に含まれます。

（3）土地保有特定会社
　「土地保有特定会社」とは、課税時期において、評価会社が保有する土地等の価額（相続税評価額）の割合が総資産価額（相続税評価額）に占める割合が70％以上（中会社および特定の小会社については90％以上）である会社をいいます。

（4）開業後3年未満の会社
　「開業後3年未満の会社」とは、課税時期において開業した後3年を経過していない会社をいいます。

（5）開業前または休業中の会社
　「開業前の会社」とは、会社の設立登記はすでに完了しているものの、その目的とする事業活動を開始するに至っていない会社をいいます。
　また、「休業中の会社」とは、課税時期の前後において相当の長期にわたり休業している会社をいいます。

（6）清算中の会社
　「清算中の会社」とは、課税時期において清算手続に入っている会社をいいます。

【特定の評価会社の評価方式】

会社区分	同族株主等（選択適用）		少数株主
比準要素数１の会社	純資産価額方式	類似と純資産の併用方式 （類似×25％＋純資産×75％）	配当還元方式
株式保有特定会社	純資産価額方式	Ｓ１＋Ｓ２方式	配当還元方式
土地保有特定会社	純資産価額方式		配当還元方式
開業後３年未満の会社	純資産価額方式		配当還元方式
開業前または休業中の会社	純資産価額方式		
清算中の会社	清算分配時見込額にもとづき評価		

※株式保有特定会社の「Ｓ１＋Ｓ２方式」とは、株式保有特定会社が保有する資産を「Ｓ１（株式等以外の資産）とＳ２（保有株式等）とに区分し、「Ｓ１」の価額を原則的評価方式（会社規模に応じた評価方式）により評価すると共に、「Ｓ２」の価額を純資産価額方式により評価し、Ｓ１とＳ２の合計額により株式保有特定会社の株式の価額を評価する方法です。

Q6

相続税

相続税の計算方法について教えてください。

A 相続や遺贈により財産をもらった人、相続時精算課税制度に係る贈与により財産をもらった人は、相続税を納める義務があります。相続税は、まず遺産全体での税額を計算し、それを取得した財産の割合で按分して各相続人および受遺者が負担する税額を算出しますが、配偶者など一定の相続人は税金が軽減されます。相続税の計算順序は、以下のとおりとなります。

1 第1ステップ　課税価格の計算

相続税の計算方法を大きく3ステップに分けて解説します。

まず第1ステップとして、各相続人等が相続等により取得する財産について、相続税の対象となる額を計算します。

なお、相続財産等の評価額は国税庁の財産評価基本通達等を用いて算定します。

第1章　贈与税・相続税の基本 ―事業承継税制の理解のために

2　第2ステップ　相続税の総額の計算

　課税価格の合計額から基礎控除額を差し引いた課税遺産総額にもとづいて、相続税の総額を計算します。

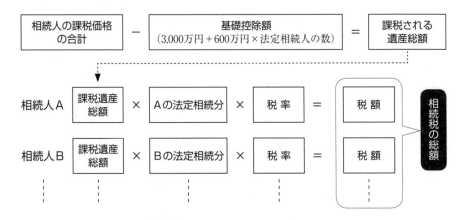

【平成27年1月1日以後の場合】相続税の速算表

法定相続分に応ずる取得金額	税率	控除額
1,000万円以下	10%	－
3,000万円以下	15%	50万円
5,000万円以下	20%	200万円
1億円以下	30%	700万円
2億円以下	40%	1,700万円
3億円以下	45%	2,700万円
6億円以下	50%	4,200万円
6億円超	55%	7,200万円

（出典：国税庁HPより抜粋）

3　第3ステップ　各相続人等の税額の計算

　各相続人等の取得財産割合に応じて相続税の総額を按分し、負担する税額を計算します。そして、そこから軽減額や諸控除額を差し引き、納付すべき税額を計算します。

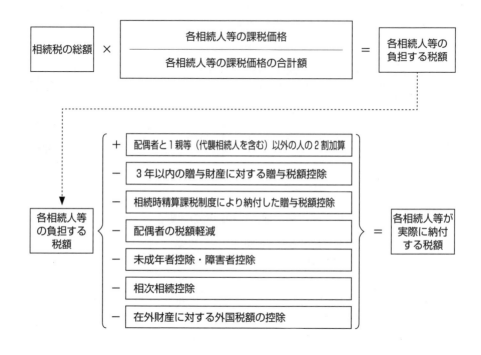

第2章

事業承継税制特例措置の概要

Q7 平成30年度税制改正の事業承継税制改正のポイントについて教えてください。

贈与税　相続税

A 平成30年度税制改正では、これまでの事業承継税制（以下、「一般措置」といいます）に加え、平成30年（2018年）1月1日から平成39年（2027年）12月31日までの10年間限定の措置として、納税猶予の対象となる株式数制限の撤廃や、納税猶予割合の引き上げ等がされた特例措置が創設されました。

【特例措置と一般措置の比較】

	特例措置	一般措置
事前の計画策定	5年以内の特例承継計画の提出 （平成30年（2018年）4月1日から 平成35年（2023年）3月31日まで）	不要
適用期限	10年以内の贈与・相続等 （平成30年（2018年）1月1日から 平成39年（2027年）12月31日まで）	なし
対象株数	**全株式**	総株式数の最大3分の2まで
納税猶予割合	100%	贈与：100% 相続：80%
承継パターン	複数の株主から**最大3人**の後継者	複数の株主から1人の後継者
雇用確保要件	弾力化	承継後5年間 平均8割の雇用維持が必要
経営環境変化に対応した免除	あり	なし
相続時精算課税の適用	60歳以上の者から**20歳以上の者**への贈与	60歳以上の者から20歳以上の推定相続人・孫への贈与

出典　中小企業庁「経営承継円滑化法申請マニュアル（平成30年4月施行）」より抜粋

第 2 章　事業承継税制特例措置の概要

【納税者による選択】

事業承継税制（一般措置）
⇒恒久的な制度ではあるが、従来から指摘されている問題点の積み残しがあり適用要件が何度も見直されてきた

事業承継税制（特例措置）
⇒10年間の時限立法措置であるが、各種の優遇措置が大幅に増加

納税者がいずれかの制度を選択

1　納税猶予割合、対象株式数の拡充

　これまでの一般措置では、贈与税・相続税の納税猶予の対象となる株式数は総株式数の3分の2に達するまでの部分とされ、相続税の猶予割合は80％が上限でした。そのため、承継を受ける後継者は、猶予の対象とならない部分に対して一定の贈与税・相続税の負担をする必要がありました。
　新たに創設された事業承継税制の特例（以下、「特例措置」といいます）では、贈与税・相続税の納税猶予の対象となる株式数は総株式数の100％となり、また相続税の猶予割合も100％（非上場株式等の課税価格のすべてに対応する相続税額が納税猶予分対象）に拡大されたため、株式を承継した段階での税負担が0円になりました。

2　承継パターンの拡充

　平成30年度税制改正前の一般措置では、納税猶予の対象となるのは、先代経営者1人から後継者1人への贈与・相続のみでしたが、特例措置では複数の株主から代表権を有する後継者（最大3人まで）への承継が可能となりました。

なお、一般措置についても平成30年度税制改正以降は、複数の株主から1人の後継者への贈与・相続が可能となりました。

3 雇用確保要件の緩和

一般措置では、承継後の経営承継期間5年間において、5年間平均で基準日の8割の雇用の確保が必要であり、事業承継税制を適用するうえで1つのネックとなっていました。

特例措置では、相応の理由があれば猶予が継続されるため、雇用確保要件は大幅に緩和されました。

4 経営環境の変化に応じた免除

一般措置では、後継者が経営環境の変化により会社を売却あるいは廃業せざるを得ない状況において、株価が下落した場合でも承継時の株価をもとに贈与税・相続税を計算して納税するため、過大な税負担が生ずることがありました。

特例措置では、売却額や廃業時の評価額をもとに納税猶予額を再計算し、当初の猶予税額との差額を免除する等の措置がとられることとなりました。その結果会社を売却あるいは廃業せざるを得ない状況においても、過大な税負担が発生するリスクを軽減できることとなりました。

5 相続時精算課税制度の適用範囲拡充

一般措置では、相続時精算課税制度の適用は、60歳以上の親等（特定贈与者）から20歳以上の子・孫等の直系卑属への贈与が対象でしたが、特例措置では60歳以上の贈与者から20歳以上の後継者（子や孫以外も含む）への贈与が相続時精算課税制度の対象となり適用範囲が拡充されました。

Q8 贈与税・相続税の納税猶予制度（特例措置）の概要を教えてください。

贈与税　相続税

A 後継者が、贈与または相続により株式を承継する場合、原則として贈与税・相続税を納める必要があります。納税猶予制度（特例措置）では、都道府県知事の認定を受けた非上場株式については、一定の要件のもと、これらの納税が「100％猶予」されます。

1　納税猶予制度（特例措置）の概要

　これまでの納税猶予制度（一般措置）では納税が猶予される対象となる株式数は総株式数の3分の2に達するまでとされ、相続税の場合は猶予割合も80％が上限でした。平成30年度税制改正により新たに創設された10年間限定の「特例措置」では、この対象株式数の上限が撤廃され、全株式（3/3）が適用対象とされ、また相続税の猶予割合も80％から100％に引き上げられました。

　これにより、後継者が贈与または相続により取得した全株式に対する贈与税・相続税が「全額（100％）」猶予されることとなりました。

　本制度は、10年間に限り、制度を利用することによるメリットを増やし、事業承継を後押しするという国の社会的政策です。

【特例対象株式数・猶予割合】

	一般措置	特例措置
対象株式数	総株式数の最大2/3	総株式数（3/3）
猶予割合	相続80% 贈与100%	100%
猶予相続税割合	相続53%（80%×2/3） 贈与66%（100%×2/3）	100%

株式をすべて（100％）先代経営者が保有している場合

　本制度の適用を受けるためには、経営承継円滑化法にもとづく都道府県知事の「認定」を受け、その後も、継続して各種要件を満たし続けることが求められます。ただし、後継者の死亡などの一定の場合には、猶予されていた税額は免除されます。

【贈与税の納税猶予概要】

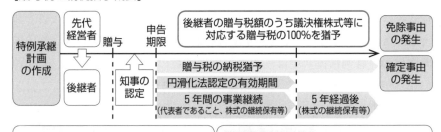

第2章　事業承継税制特例措置の概要

【相続税の納税猶予概要】

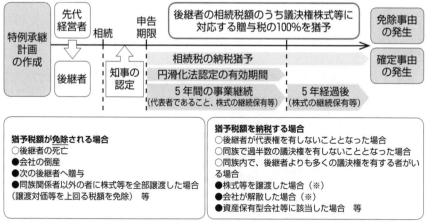

(出典：中小企業庁「経営承継円滑化法申請マニュアル（平成30年4月施行）」を加工)

　贈与者が死亡した場合には、猶予されていた贈与税は免除されたうえで、贈与を受けた株式を贈与者から相続または遺贈により取得したものとみなして後継者に相続税が課税されます。その際、都道府県知事の確認（「切替確認」といいます）を受けることで、相続税の納税猶予を受けることができます。

2　実務上のポイント

　特例措置は平成39年末（2027年末）までの10年間限定の措置です。10年以内に先代経営者の相続が開始しなければ「相続税の納税猶予」の適用を受けることはできません。先代経営者が健在であれば、まずは生前に「贈与税の納税猶予」により株式を承継する方法を検討するとよいでしょう。

Q9

贈与税 **相続税**

贈与税・相続税の納税猶予割合はどのようになりますか。

A 事業承継税制の特例措置では、非上場株式等に係る贈与税および相続税の納税猶予割合は100％となります。

1 特例措置による納税猶予割合について

（1） 贈与の場合

これまでの事業承継税制（一般措置）では、経営者から贈与により取得した非上場株式等のうち、議決権株式総数の3分の2に達する部分までの株式等が適用対象とされていました。

たとえば、経営者が議決権株式を100％保有し、そのすべてを後継者に贈与する場合、一般措置の適用により猶予される税額は、贈与税の約67％（100％×2/3）でしたが、特例措置を選択すれば猶予される税額は100％となります。したがって、特例措置を選択し、株式を贈与する場合、猶予税額は100％となるため税負担は実質的に0円となります。

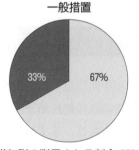

贈与税の猶予される割合 67%

贈与税の猶予される割合 100%

(2) 相続の場合

これまでの事業承継税制（一般措置）では、経営者から相続により取得した非上場株式等のうち、議決権株式総数の3分の2に達する部分までの株式等が適用対象とされていました。また、相続税の猶予割合は80％とされていました。

たとえば、経営者が議決権株式を100％保有し、そのすべてを後継者に相続する場合、一般措置の適用により猶予される税額は、相続税の約53％（80％×2/3）でしたが、特例措置を選択すれば猶予される税額は100％となります。

したがって、特例措置を選択し、株式を相続する場合、猶予税額は100％となるため税負担は実質的に0円となります。

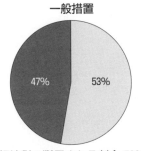

一般措置

相続税の猶予される割合 53%

特例措置

相続税の猶予される割合 100%

2 外国会社株式等を有する場合

贈与税・相続税の納税猶予制度の特例措置を選択し、株式を贈与した場合において、会社が一定の外国会社株式等（医療法人や一定の上場会社株式等を含みます）を有している場合は、その外国会社株式等を除外して納税猶予額を計算するため、納税猶予割合が100％とならない場合があります。

また、贈与税・相続税の納税猶予額を計算する際に、類似業種比準方式を使用する場合は、「1株当たりの利益」から外国会社からの配当を控除し、「1株当たりの純資産」から外国会社株式等の簿価（間接分を含みます）を控除します。

Q10 納税猶予制度（特例措置）の手続の流れを教えてください。

贈与税　相続税

A 納税猶予（特例措置）の適用を受けるためには、特例承継計画の作成、贈与・相続、認定申請、贈与税・相続税の申告の順に手続を行います。認定後も、税務署および都道府県に定期的な報告を行わなくてはなりません。

1 具体的な手続の流れ

納税猶予制度（特例措置）の適用を受けるための具体的な手続の流れは以下のとおりです。

（1）特例承継計画の策定⇒ 都道府県

会社は、「特例承継計画」を策定し、認定経営革新等支援機関（以下「認定支援機関」という。金融機関、税理士、商工会等）の所見を記載の上、平成35年3月31日までに「都道府県知事」に提出し、確認を受ける必要があります。

なお、平成35年3月31日までの贈与・相続については、贈与・相続後に承継計画を提出することもできます。

（2）贈与または相続開始

「特例措置」の適用を受けるためには、「平成30年1月1日から平成39年12月31日まで」に贈与を行う、または相続が発生する必要があります。

（3）認定申請⇒ 都道府県

贈与の場合、贈与の年の10月15日から翌年1月15日までに都道府県知事に認定申請を行い、「経営承継円滑化法の認定」を受けます。

相続の場合、相続開始の日の翌日から5ヵ月を経過する日以降、8ヵ月

以内に都道府県知事に認定申請を行い、「経営承継円滑化法の認定」を受けます。

(4) 税務署へ申告⇒税務署

　贈与の場合、贈与を受けた年の「翌年2月1日から3月15日まで」に、特例制度の適用を受ける旨を記載した贈与税の申告書を株式の受贈者が税務署へ提出します。

　相続税の場合、相続税の申告期限内（相続開始の翌日から10ヵ月以内）に、相続税の申告書を相続人が税務署へ提出します。

　併せて、納税が猶予される税額と利子税に見合う「担保を提供」する必要があります。

(5) 実績報告⇒都道府県

　雇用が5年平均で8割を下回っても、その理由を都道府県に報告すれば、認定取消にはなりません。その際、認定経営革新等支援機関が、雇用が減少した理由について所見を記載します。

(6) 申告期限後5年間（経営承継期間）⇒都道府県＋税務署

　「毎年1回」、「年次報告書」を「都道府県知事」へ提出します。

　「毎年1回」、「継続届出書」を「税務署」に提出します。

　届出書の提出がない場合には、猶予されている贈与税・相続税の全額と利子税を納付する必要があるため注意が必要です。

(7) 6年目以降（経営承継期間経過後）⇒税務署

　「3年に1回」、「税務署」へ「継続届出書」を提出します。

　経営承継期間経過後は都道府県知事への報告は不要です。

第2章　事業承継税制特例措置の概要

事業承継税制（特例措置）の概要

納税猶予を受けるためには、「都道府県の認定」、「税務署への申告」の手続が必要となります。

提出先
- 提出先は「主たる事務所の所在地を管轄する都道府県庁」です。
- 平成30年1月1日以降の贈与について適用することができます。

都道府県庁

特例承継計画の策定／確認申請
- 会社が作成し、認定経営革新等支援機関（金融機関、商工会、商工会議所、税理士等）が所見を記載。
- 平成35年3月31日まで提出可能です。
※平成35年3月31日までに贈与・相続がある場合、贈与・相続後認定申請時までに特例承継計画を作成・提出することも可能です。

贈与／相続または遺贈
認定申請
- 贈与
  贈与年の10月15日～翌年1月15日までに申請。
- 相続または遺贈
  相続開始日の翌日から8ヵ月以内に申請
  （相続開始日の翌日から5ヵ月を経過する日以後の期間に限ります）
- 上記いずれの場合も、特例承継計画を添付。

税務署

税務署へ申告
- 認定書の写しとともに、相続税・贈与税の申告書等を提出。
- 相続時精算課税制度の適用を受ける場合には、その旨を明記。

都道府県庁／税務署

申告期限後5年間
- 都道府県庁へ「年次報告書」を提出（年1回）。
- 税務署へ「継続届出書」を提出（年1回）。

5年経過後実績報告
- 雇用が5年平均8割を下回った場合には、満たせなかった理由を記載し、認定経営革新等支援機関が確認。その理由が、経営状況の悪化である場合等には認定経営革新等支援機関から指導・助言を受ける。

6年目以降
- 税務署へ「継続届出書」を提出（3年に1回）。

（出典：中小企業庁「経営承継円滑化法申請マニュアル（平成30年4月施行）」を加工）

2　実務上のポイント

　納税猶予（特例措置）を適用する場合には、事前手続のみならず、事後手続についても漏れのないようにしましょう。年次報告書、継続届出書等の提出の失念は、納税猶予の認定取消事由に該当します。

Q11

贈与税　相続税

贈与税・相続税の特例承継計画とはどのようなものでしょうか。

A 特例承継計画は、特例措置の適用を受けるために、会社が都道府県に提出し、確認を受ける必要があるものです。特例承継計画を提出することができる期間は、平成30年（2018年）4月1日〜平成35年（2023年）3月31日までの5年間に限られます。

1 特例承継計画の作成

特例承継計画には、次の事項を記載し、その内容について認定支援機関による指導および助言を受ける必要があります。

	記載事項	記載内容
1	会社	会社の事業内容、資本金、従業員数等を記載します。
2	特例代表者	株式を承継する予定の代表者の氏名と、代表権の有無を記載します。
3	特例後継者	株式を承継する予定の後継者の氏名を最大3人まで記載します。 特例後継者として氏名を記載された人でなければ、特例措置の認定を受けることはできません。特例後継者を変更する場合は、変更申請書による変更手続を行う必要があります。

4	承継までの経営の見通し	株式を特例後継者が取得するまでの間の経営計画について、株式の承継予定時期、経営上の課題、課題への対処方針について記載します。 株式等の贈与後・相続後に本計画を作成する場合や、すでに先代経営者が役員を退任している場合には記載不要です。
5	株式等を承継した後5年間の経営計画	承継後5年間の経営計画を記載します。この事業計画は必ずしも設備投資・新事業展開や、売上目標・利益目標についての記載を求めるものではなく、後継者が事業の持続・発展に必要と考える内容を自由に記載します。

特例承継計画の記入例は以下のとおりです。

様式21

施行規則第17条第2項の規定による確認申請書

（特例承継計画）

●●●●年●月●日

●●県知事　殿

　　　　　　　　　　　　　　　郵便番号000-0000
　　　　　　　　　　　　　　　会社所在地●●県●●市
　　　　　　　　　　　　　　　会社名　経済クリーニング株式会社
　　　　　　　　　　　　　　　電話番号　＊＊＊-＊＊＊-＊＊＊＊
　　　　　　　　　　　　　　　代表者の氏名　経済一郎　　　印
　　　　　　　　　　　　　　　　　　　　　　経済二郎　　　印

　中小企業における経営の承継の円滑化に関する法律施行規則第17条第1項第1号の確認を受けたいので、下記のとおり申請します。

記

1 会社について

主たる事業内容	生活関連サービス業（クリーニング業）
資本金額又は出資の総額	5,000,000円
常時使用する従業員数	8人

2 特例代表者について

特例代表者の氏名	経済　太郎
代表権の有無	□有　☑無し（退任日平成30年3月1日）

3 特例後継者について

特例後継者の氏名（1）	経済　一郎
特例後継者の氏名（2）	経済　二郎
特例後継者の氏名（3）	

4 特例代表者が有する株式等を特例後継者が取得するまでの期間における経営の計画について

株式を承継する時期（予定）	平成30年3月1日相続発生
当該時期までの経営上の課題	（株式等を特例後継者が取得した後に本申請を行う場合には、記載を省略することができます）
当該課題への対応	（株式等を特例後継者が取得した後に本申請を行う場合には、記載を省略することができます）

5 特例後継者が株式等を承継した後5年間の経営計画

実施時期	具体的な実施内容
1年目	郊外店において、コート・ふとん類に対するサービスを強化し、その内容を記載した看板の設置等、広告活動を行う。
2年目	新サービスであるクリーニング後、最大半年間（または1年間）の預かりサービス開始に向けた倉庫等の手配をする。
3年目	クリーニング後、最大半年間（または1年間）の預かりサービス開始。 駅前店の改装工事後に向けた新サービスを検討。
4年目	駅前店の改装工事。 リニューアルオープン時に向けた新サービスの開始。
5年目	オリンピック後における市場（特に土地）の状況を踏まえながら、新事業展開（コインランドリー事業）または新店舗展開による売り上げ向上を目指す。

(出典：中小企業庁HPより抜粋・加工)

2 実務上のポイント

　特例承継計画を提出しても、その後、特例措置の適用を受けないことも可能です。特例措置の適用を少しでも検討している場合には、期限までに承継計画を提出しておくとよいでしょう。

　特例後継者が事業承継税制の適用を受けた後は、その後継者を変更することはできません。ただし、特例後継者を2人または3人記載した場合で、まだ株式の贈与・相続を受けていない人がいる場合は、その特例後継者に限って変更することが可能です。

Q12

贈与税 相続税

納税猶予制度（特例措置）の対象となる会社の要件はありますか。

A 納税猶予制度の対象となる会社は、中小企業者であること、総収入金額、従業員数等、対象会社に関する複数の要件を満たす必要があります。

1) 贈与税・相続税の納税猶予制度の対象となる会社の要件

贈与税・相続税の納税猶予制度の対象となる会社の要件は、以下のとおりです。

要件	詳細		
中小企業者であること	「資本金」または「従業員数」のいずれかが下図の基準以下である者をいいます。		
	業種目	対象要件（①と②のいずれかを満たす場合）	
		①資本金	②従業員数
	製造業その他	3億円以下	300人以下
	製造業のうちゴム製品製造業（自動車または航空機用タイヤおよびチューブ製造業並びに工業用ベルト製造業を除く）	3億円以下	900人以下
	卸売業	1億円以下	100人以下
	小売業	5,000万円以下	50人以下
	サービス業	5,000万円以下	100人以下
	サービス業のうちソフトウェア業または情報処理サービス業	3億円以下	300人以下
	サービス業のうち旅館業	5,000万円以下	200人以下
	(出典：中小企業庁「経営承継円滑化法申請マニュアル（平成30年4月施行）」より抜粋・加工)		

第2章　事業承継税制特例措置の概要

上場会社等・風俗営業会社ではない	「風俗営業会社」とは、「風俗営業等の規制及び業務の適正化等に関する法律」に規定する性風俗関連特殊営業(ソープランド、テレクラなど)を営む会社です。
資産保有型会社・資産運用型会社ではない	資産保有型会社：資産に占める特定資産の割合が70%以上の会社 $$\frac{\text{特定資産の帳簿価格の合計額}}{\text{資産の帳簿価格の総額}} \geq 70\%$$ (+本人および同族関係者に支払われた配当および損金不算入役員給与) (+本人および同族関係者に支払われた配当および損金不算入役員給与) 資産運用型会社：特定資産からの運用収入が総収入の75%以上 $$\frac{\text{特定資産の運用収入}}{\text{総収入金額【売上高+営業外収益+特別利益】}} \geq 75\%$$ 上記に該当しても「実態要件」をすべて満たす場合は、「資産保有型会社」または「資産運用型会社」に該当しないものとみなされます。「実態要件」とは以下の要件になります。 ・3年以上継続して商品の販売または役務の提供を対価を得て行っていること、または商品販売等のために必要な資産を所有または賃貸していること ・生計を一にする親族以外の常時使用する従業員が5人以上いること ・事務所、店舗、工場その他これらに類するものを所有し、または賃貸していること 　特定資産とは、現金預金や有価証券、現に自ら使用していない不動産、施設利用権、絵画、骨董等をいいます。
総収入金額がゼロを超えている	特例認定申請基準事業年度における損益計算書上の総収入金額(営業外収益と特別利益は除きます)がゼロの場合には、認定を受けることができません。
常時使用従業員数が1人以上	常時使用する従業員が1人以上いる必要があります。 ただし、その会社が下記①および②に該当する場合は5人以上の常時使用従業員がいることが必要です。 ①　申請者またはその支配関係法人が、その特別子会社の株式または持分を有すること。 ②　申請者の特別子会社が外国会社に該当すること。

特定特別子会社が大会社・上場会社・風俗営業会社ではない	特定特別子会社とは、次の者により、議決権数の過半数を保有される会社をいいます。 （1）その会社 （2）後継者 （3）後継者と生計を一にする親族 （4）後継者と事実上婚姻関係にある者など特別の関係がある者 （5）次に掲げる会社 　①（2）～（4）により議決権数の過半数を保有されている会社 　②（2）～（4）およびこれと（5）①の関係がある会社により議決権数の過半数を保有されている会社 　③（2）～（4）およびこれと（5）①または（5）②の関係がある会社により総株主議決権数の過半数を保有されている会社 なお、会社法上の子会社の定義とは異なる点に注意が必要です。
後継者以外が黄金株を保有していない	特例経営承継受贈者（特例経営承継相続人）以外の者が拒否権付株式を有していないことが要件となります。

2　実務上のポイント

　医療法人や社会福祉法人、外国会社、士業法人は、事業承継税制の対象となる中小企業者には該当しません。

　バー、パチンコ、ゲームセンターなどは、風営法（風俗営業等の規制及び業務の適正化等に関する法律）の規制対象事業ですが、性風俗関連特殊営業ではありませんので、認定要件を満たします。

　従業員数は、役員以外（使用人兼務役員を除く）で判断し、原則として社会保険に加入している人数で判断します。（75歳以上で社会保険加入対象外の場合は、2ヵ月超の雇用契約の有無等により判定）なお、出向者は出向元の人数に含みます。

Q13

贈与税　相続税

先代経営者の要件はどのようなものがありますか。

A 先代経営者の要件は、以下の表にて詳述します。保有株式数や、贈与株式数の要件を満たしているかがポイントになります。

1 「先代経営者」の要件

「先代経営者」の要件は以下のとおりです。

要　件	詳　細
【贈与税】 過去、会社の代表者で、贈与時に代表者を退任している 【相続税】 会社の代表者であったこと	贈与税の納税猶予では、贈与時に代表者を退任している必要がありますが、相続税の納税猶予は相続の直前に会社の代表者であっても構いません。
【贈与税・相続税】 先代経営者とその親族などで総議決権数の過半数を保有、かつ、これらの者の中で筆頭株主	先代経営者がその会社の代表者であった期間内のいずれかの時およびその贈与・相続の直前のいずれにおいても先代経営者とその同族関係者と合わせて過半数の議決権を有し、かつ、同族関係者（特例適用後継者を除く）の中で筆頭株主であることが必要です。
【贈与税・相続税】 特例承継計画に記載された先代経営者であること	特例承継計画に記載された特例代表者でなければ認定を受けることができません。

【贈与税】 一定数以上の株式を贈与すること	【後継者が１人の場合】 ①贈与者議決権数＋後継者議決権数≧総議決権数×2/3の場合 ⇒贈与後の後継者の議決権数が2/3以上となるように贈与 ②贈与者議決権数＋後継者議決権数＜総議決権数×2/3の場合 ⇒先代経営者の全議決権株式を贈与 【後継者が２人または３人の場合】 贈与後に、各後継者の議決権数が10％以上、かつ、贈与者よりも多くの議決権数を有するように贈与
【贈与税・相続税】 既に特例措置の適用に係る贈与をしていないこと	すでに特例措置の適用を受ける贈与をしている先代経営者は、再度この特例の適用を受ける贈与をすることはできません。また、その先代経営者が亡くなった場合も、先代経営者が保有していた株式について認定を受けることはできません。

2 実務上のポイント

　先代経営者は、贈与時に代表者を退任している必要がありますが、代表権のない役員として会社の経営に関与することは可能です。また、役員として報酬を受け取ることもできます。先代経営者が再び認定中小企業者の代表者となった場合には、認定取消事由に該当します。

　先代経営者は、同族関係者内で筆頭株主である必要がありますが、同族関係者の中に当該代表者と同じ割合の議決権数を有する株主がいてもその代表者は筆頭株主となります。

Q14 先代経営者「以外」からの承継は可能でしょうか。

贈与税 相続税

A これまでの事業承継税制では、「先代経営者」からの贈与・相続のみが適用の対象でしたが、平成30年度税制改正により、先代経営者「以外」からの贈与・相続も事業承継税制の対象となりました。

1 税制改正により先代経営者「以外」からの承継も対象に

　これまでの事業承継税制では、「先代経営者」から後継者への一対一の承継に限り適用が認められていました。しかし、平成30年度税制改正により、先代経営者「以外」からの承継についても事業承継税制の対象となりました。先代経営者の配偶者や親族、また第三者からの贈与等であっても制度の適用を受けることができます。

2 先代経営者「以外」から承継する場合の注意点

　先代経営者「以外」からの贈与・相続について、特例措置の適用を受ける場合には、「順序」と「期間」に注意が必要です。まず初めに、「先代経営者」が株式の贈与または相続を行い、その贈与・相続以降、一定の期間内に先代経営者「以外」が贈与・相続を行った場合には、事業承継税制の対象となります。

　「期間」については、先代経営者からの贈与または相続の日から、その贈与・相続に係る認定の有効期間（申告期限の翌日以降5年経過日）内に申告期限が到来する贈与・相続に限り、特例措置の適用を受けることがで

きます。

3 先代経営者「以外」の贈与者の要件

先代経営者「以外」の贈与者の要件は以下のとおりです。
・贈与時に会社の代表者でないこと
・すでに特例措置の適用に係る贈与をしていないこと
・一定数以上の株式等を贈与すること

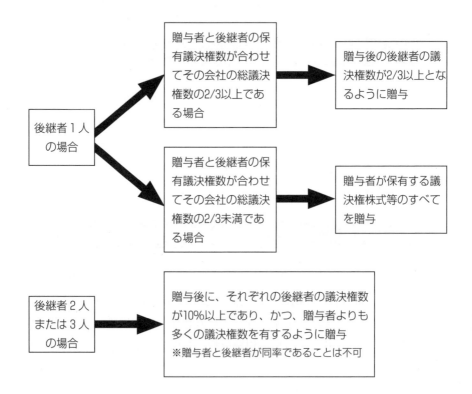

4 実務上のポイント

　納税猶予の適用を受けた贈与者に相続が発生すると、贈与を受けた後継者は相続または遺贈により株式を取得したとみなして、相続税が課せられます。そのため、後継者が贈与者の相続人でない場合でも、贈与者の相続税申告書に後継者が登場することとなり、相続人との間にトラブルが生じることも考えられます。

　後継者が相続人でない場合には、事業承継税制だけではなく、売買による承継等も選択肢に含めて検討することをお勧めします。

Q15

贈与税　相続税

後継者の要件はどのようなものがありますか。

A 平成30年度税制改正では、「特例措置」における後継者の要件が緩和されました。以下の表にて詳述します。注目すべきは、これまでの「一般措置」では、後継者は1人しか認められていませんでしたが、「特例措置」では、最大3人の後継者への承継が可能になり、会社の実情に合わせた多様な承継方法が選べるようになった点です。

1 「後継者」の要件

「後継者」の要件は以下のとおりです。

要　件	詳　細
【贈与税・相続税】 最大3人まで可能	後継者の人数は、一般措置では1人しか認められていませんが、特例措置では3人まで認められます。
【贈与税】 贈与時に20歳以上	―
【贈与税】 贈与時に代表者	後継者は、贈与時およびその後において、代表権を有している必要があります。
【贈与税】 贈与の日まで3年以上継続して役員であること 【相続税】 相続の直前に役員で、相続開始から5ヵ月後に代表者であること	【相続税】先代経営者が60歳未満で亡くなった場合は、相続の直前において役員である必要はありません。
【贈与税・相続税】 後継者とその親族などで総議決権数の過半数を保有	贈与または相続開始の時（＝相続後）に、その後継者に係る同族関係者と合わせて過半数の議決権を有していることが必要です。

【贈与税・相続税】 後継者の議決権割合	【後継者が1人の場合】 その後継者が同族関係者の中で最も多くの議決権数を有している必要があります。 【後継者が2人または3人の場合】 それぞれの後継者が承継後に10％以上の議決権を有し、かつ、議決権保有割合が上位2人または3人である必要があります。
【贈与税・相続税】 取得した株式を継続保有	その後継者が取得した株式等のうち納税猶予の対象とする部分のすべてを所有し続けていることが必要です。
【贈与税・相続税】 一般措置の適用を受けていない	後継者が取得した株式等について、既に一般措置の適用を受けている場合には、認定を受けることができません。
【贈与税・相続税】 特例承継計画に記載された特例後継者であること	特例後継者となれるのは最大3人までです。
【贈与税・相続税】 贈与税・相続税の納付が見込まれる	─

2　実務上のポイント

　複数人の後継者を会社の代表者にすることで、後々の運営に問題が生ずることもあります。将来の会社運営について十分な検討を行ったうえで、後継者の人数を定める必要があるでしょう。

　贈与の日まで継続して3年以上にわたり役員である必要があるため、後継者が選定できている場合には早めに役員に選任するとよいでしょう。贈与の日より前3年の間に役員でない期間がある場合には、役員であった期間がトータルで3年以上であったとしても要件を満たしません。

　同族関係者の中に後継者と同じ割合の議決権を有する株主がいても、後継者は筆頭株主になります。

　株式は贈与（＝対価なし）により取得することが要件とされますので、売買による承継は納税猶予の対象にはなりません。

Q16

贈与税　相続税

後継者が複数いる場合の要件について教えてください。

A 特例措置では、複数の後継者（最大3人）への贈与・相続が可能となりました。それぞれの後継者が承継後に10％以上の議決権を有し、かつ、それぞれの後継者が同族関係者等（すでに同一の会社について事業承継税制の特例措置の適用を受けている者を除きます）のうちいずれの者が有する議決権の数をも下回らないことが必要です。なお、贈与者・被相続人と後継者の議決権数が同率である場合は特例措置の適用はできません。

1　要件を満たしているかの判断

　後継者が3人の場合には、その3人の議決権保有割合がそれぞれ10％以上、かつ上位3人である必要があります。具体的な事例で説明します。次頁の図のケースでは、株式承継後、長女の議決権数は10％となり、配偶者の議決権数である13％を下回っているため、後継者要件を満たしません。

　同一の贈与者から複数の後継者が贈与を受けた場合には、最後に行われた贈与直後に有する議決権の数によって、各後継者が同族関係者のうちいずれの者の有する議決権の数を下回らないかを判断します。

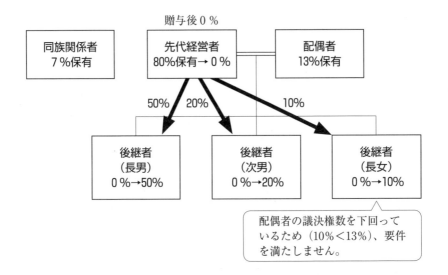

2　贈与日が異なる場合

　原則として、すでに特例措置の適用を受ける贈与をしている先代経営者は、再度この特例措置の適用を受ける贈与をすることはできません。ただし、その贈与者から株式等を贈与された後継者が2人または3人である場合には、同年中に限り、それぞれの後継者に対し別日に贈与をしても構いません。贈与が別日になった場合、それぞれの贈与に係る認定申請書は一括して提出する必要があります。

　複数回の贈与を受けた場合の適用の可否をまとめると次のとおりとなります。

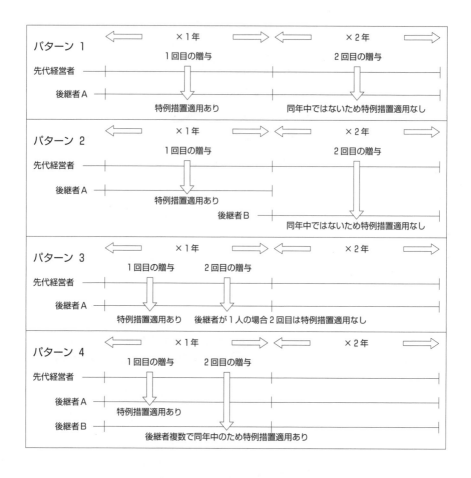

3 間接保有している場合

　議決権数の判定は「直接保有している」割合で判定し、「間接保有している」割合は考慮しません。
　たとえば次の例では、長女が10％、長女の関係会社が20％株式を保有しています。長女と同族関係会社の合計で30％を保有していますが、間接保有は考慮せず、長女の直接保有している10％のみで判断します。よって、

この場合、長女は同族関係会社の議決権数を下回っているため、要件を満たしません。

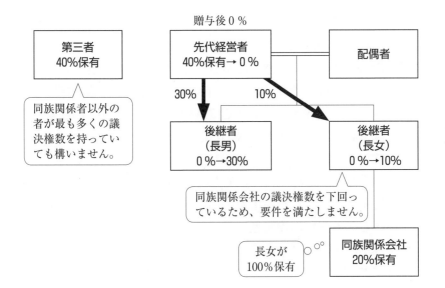

4 実務上のポイント

　特例措置では、議決権保有割合上位最大3人までの贈与・相続が適用可能となりました。その結果、事業承継の早期実現が可能となり、多様な事業承継に対応できることとなりました。

　その一方、株式が分散することにより、将来的に兄弟姉妹等の後継者間で揉める原因となる可能性もあるため、複数の後継者に承継を行う場合は慎重な判断が必要となります。また、議決権保有割合の上位3位までが適用可能となるため、贈与を行う前に株主関係を整理する必要があります。

　なお、一般措置においては、これまでどおり1人の後継者のみがこの制度の適用の対象となります。

Q17

贈与税　相続税

すでに一般措置を適用している場合に特例措置への切替えは可能ですか。

A 一般措置の適用により納税の猶予を受けている者は、特例措置の適用による納税の猶予を受けることはできません。
また、一般措置から特例措置への切替に関する経過措置もなく、平成29年以前にすでに納税猶予を選択している場合は継続して一般措置の扱いとなります。
また、一般措置により贈与を受けた場合、その贈与者（先代経営者）の相続についても特例措置の適用は受けられません。しかし、一般措置の適用を受けた2代目から次の世代である3代目後継者に贈与をする場合には、特例措置の適用が可能となります。

1) 2代目後継者がすでに一般措置の適用を受けている場合

先代経営者から2代目後継者が株式の贈与を受け、納税猶予の一般措置の適用を受けている場合には、その他の者から受ける当該会社株式の贈与について、特例措置の適用を受けることはできません。また、一般措置の適用を受けた後、贈与者が死亡した場合のその贈与者の相続税についても、一般措置が適用となり、「贈与者が死亡した場合の相続税の特例措置」の適用を受けることはできません。

第2章　事業承継税制特例措置の概要

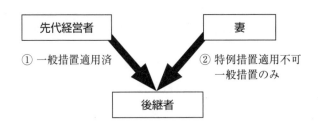

2　一般措置を適用している2代目後継者が3代目後継者に贈与した場合

　2代目後継者が一般措置による贈与の納税猶予の適用を受けている場合であっても、経営承継期間（5年間）経過後に当該株式を2代目から3代目後継者に贈与すれば、特例期間内（平成30年1月1日から平成39年12月31日の間）に限り、当該贈与は特例措置を適用することができます。なお、3代目後継者への贈与で特例措置を選択する場合には、平成30年4月1日から平成35年3月31日までに「特例承継計画」を都道府県に提出する必要があります。

　なお、1代目の先代経営者が亡くなった場合に3代目後継者は「贈与者が死亡した場合の相続税の特例措置」の適用を受けることができます。この場合において、3代目後継者が孫に当たるときには、相続税額の2割加算の適用がありますが、2割加算した相続税そのものが猶予されることになります。

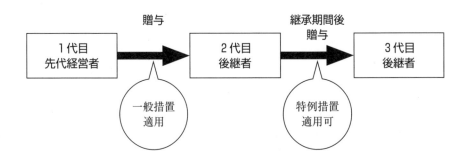

3 実務上のポイント

　後継者がすでに一般措置を適用している場合、原則として特例措置への切替はできません。ただし、一般措置を適用している２代目から３代目への承継については、特例措置の適用を受けることができます。
　この場合、以下の点に留意が必要です。

① 　一般措置の適用を受ける２代目後継者は経営承継期間５年経過後に贈与を行う必要があります。経営承継期間内における贈与は納税猶予の認定取消事由に該当します。

② 　特例措置の適用を受ける場合には、平成30年１月１日から平成39年12月31日までの間に相続・贈与を行われなければなりません。

③ 　特例措置を受ける場合には「特例承継計画」を平成30年４月１日から平成35年３月31日までの間に都道府県に提出することが必要です。

④ 　贈与の場合には、３代目後継者が３年以上継続して役員に就任している等の要件を満たす必要があります。

Q18

贈与税

先代経営者が最低限贈与しなければならない株式の制限はありますか。

A 納税猶予を適用する際には、先代経営者から後継者に一定数以上の株式等を贈与する必要があります。贈与により株式等を取得する者の人数や先代経営者(贈与者)と後継者の保有する議決権の数に応じて、最低限贈与しなければならない株式等の数(贈与義務株式数)が定められてます(後継者が取得する株式数に制限はありません)。

1 最低限贈与しなければならない株式等の数

【議決権数に関するフローチャート】

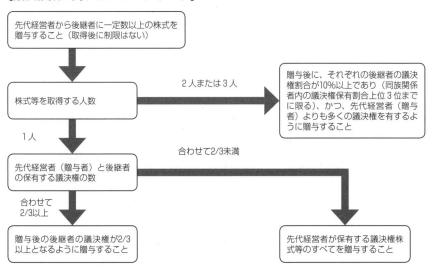

認定の対象となる株式等については、完全議決権株式等に限定されていますので、完全無議決権株式等のみならず、一部の議決権が制限されている株式等も除外されています。

　先代経営者と後継者の議決権割合が同数である場合には、要件を満たさないことになります。

2 贈与義務株式数の具体例

　後継者が1人の場合の具体的な贈与義務株式数をパターン別に表すと下図のとおりとなります。

〈贈与者の株式数＋後継者の株式数 ≧ 発行済み株式数×2/3の場合〉

〈贈与者の株式数＋後継者 ＜ 発行済株式数×2/3の場合〉

　発行済株式の総数または出資金の総額の3分の2に端数がある場合には、その端数は切り上げます（上記図中の発行済株式数100株×2/3＝66.666…株⇒67株）。

3 実務上のポイント

　贈与税の納税猶予制度を適用する場合に、先代経営者から後継者に最低限贈与しなければならない株式数は決まっており、贈与義務株式数以下の贈与は要件を満たさないこととなります。したがって、受贈者のうちにこの要件を満たさない者がいる場合には、すべての受贈者が適用対象外となります。また、贈与するタイミングも一括贈与が原則となるため検討が必要です。

Q19 贈与税の納税猶予制度と相続時精算課税制度の併用について教えてください。

贈与税 相続税

A 贈与税の納税猶予の適用を受けていた者が納税猶予の取消事由に該当した場合には、一括で贈与税とその期間に応じた利子税を納付しなければなりません。これまでの納税猶予制度では、贈与税の計算は暦年贈与制度により納税額を計算しなければならなかったため、取消時に多額の税負担が生じる可能性がありました。そこで、税負担の不安を軽減する観点から、平成29年度税制改正において贈与税の納税猶予制度と相続時精算課税制度の併用が認められることになりました。

また、平成30年度税制改正により、特例措置では相続時精算課税制度が適用できる受贈者の範囲が広がっています。

1 相続時精算課税制度の要件

相続時精算課税制度とは、贈与のあった年の1月1日において60歳以上の父母、祖父母等から、20歳以上の推定相続人、孫等に対して贈与をした場合に選択できる贈与税の制度です。

相続時精算課税制度を選択した場合の贈与税の額は、贈与財産の額から特別控除額2,500万円を控除し、控除後の額に一律20％の税率を乗じて算出します（Q4参照）。

これまでの事業承継税制では、相続時精算課税制度の選択は認められていませんでしたが、平成29年度改正により、事業承継税制においても、相続時精算課税制度を選択することができるようになりました。一般措置で

は、贈与者の推定相続人である子や孫等の直系卑属が後継者となり、贈与を受けた場合のみ相続時精算課税の適用が可能でした。

しかし、平成30年度税制改正により、特例措置についてのみ、贈与者の推定相続人や孫以外の者が後継者となって贈与を受けた場合においても相続時精算課税制度の適用を受けることができることとなりました。

2 相続時精算課税制度を適用する際の手続

贈与税の納税猶予制度と相続時精算課税制度を併用する場合には、認定申請書類を都道府県知事に提出する際に、相続時精算課税の適用を受ける旨を「贈与税の見込額を記載した書類」に記載する必要があります。さらに所轄税務署に贈与税の申告書を提出する際に相続時精算課税選択届出書の提出も必要となります。

したがって、贈与税の納税猶予制度と相続時精算課税制度は併用できますが、申請手続はタイミングが決まっているため届出の失念がないように注意する必要があります。

3 実務上のポイント

贈与税の納税猶予制度の取消事由に該当した場合に、多額の贈与税が発生する可能性があるため、贈与税の納税猶予の申請時には相続時精算課税制度の適用を併せて検討する必要があります。

相続時精算課税制度を適用する場合には、以降の贈与について暦年課税制度の適用は受けられません。したがって、株式の承継以外の相続対策を考えた場合に暦年贈与制度との比較検討が必要になります。

Q20

贈与税　相続税

贈与税・相続税の認定取消事由にはどのようなものがありますか。

A 事業承継税制の適用を受けた後、認定取消事由に該当した場合には、猶予されている贈与税額・相続税額の認定が取り消され、猶予税額と利子税を合わせて納付する必要があります。認定取消事由は次頁の表にて詳述します。

1　納税猶予の認定取消事由とは

　経営承継期間内（原則、贈与税・相続税の申告期限の翌日から5年を経過する日まで）において、以下の確定事由に該当した場合には、納税猶予は打切りとなり、猶予期限が確定します。確定した猶予税額の「全額」と利子税を、該当日から2ヵ月を経過する日までに納付しなければなりません。

　また、経営承継期間経過後は、経営承継期間内に比べて納税猶予の認定取消事由が緩和されますが、経営承継期間内と同様に、確定事由に該当すると、猶予税額と利子税を納付しなければなりません。

　次頁表のA印の事由に該当した場合には、猶予税額の「全額」と利子税を、B印の事由に該当した場合には「対応部分」と利子税を、該当日から2ヵ月を経過する日までに納付しなければなりません。ただし、経営承継期間経過後に猶予税額が確定した場合の利子税のうち、経営承継期間内における利子税は免除されます（Q21参照）。一方、C印の事由に該当した場合には、猶予税額は「免除」されます。

第2章　事業承継税制特例措置の概要

【贈与税の納税猶予の認定取消事由】

	事　　　由	経営承継期間内	経営承継期間経過後
先代経営者（贈与者）の要件	1　再び認定承継会社の代表者になった場合	A	−
	2　先代経営者（贈与者）が死亡した場合	C	C
後継者（受贈者）の要件	1　認定承継会社の代表者を退任した場合	A※1	−
	2　議決権同族過半数要件を満たさなくなった場合	A	−
	3　同族内筆頭要件を満たさなくなった場合	A	−
	4　納税猶予対象株式を譲渡した場合	A	B
	5　次の後継者（3代目）に対して納税猶予の認定を受ける贈与をした場合	C※2	C
	6　自発的な猶予の取消申請をした場合	A	A
	7　後継者（受贈者）が死亡した場合	C	C
会社の要件	1　雇用の平均8割維持要件を満たせなくなった場合に、実績報告を行わなかったとき	A	−
	2　会社分割（吸収分割承継会社等の株式等を配当財産とする剰余金の配当があった場合に限る）	A	B
	3　組織変更（認定承継会社の株式等以外の財産の交付があった場合に限る）	A	B
	4　解散した場合	A	A
	5　資産保有型会社・資産運用型会社に該当した場合	A	A
	6　総収入金額ゼロに該当した場合	A	A
	7　資本金・準備金を減少した場合（欠損填補目的等を除く）	A	A
	8　合併により消滅した場合（一定の場合を除く）	A	B
	9　株式交換・株式移転により完全子会社となった場合（一定の場合を除く）	A	B
	10　上場会社・風俗営業会社に該当した場合	A	−
	11　特定特別子会社が風俗営業会社に該当した場合	A	−
	12　黄金株を特例措置の適用を受ける後継者以外の者が保有した場合	A	−

会社の要件	13　後継者の代表権・議決権を制限した場合	A	—
	14　年次報告書や継続届出書を未提出または虚偽の報告等をしていた場合　等	A	A

A…猶予されていた贈与税の全額および利子税を納付します。事業継続期間内に該当した場合には、随時報告書を提出してください。

B…猶予されていた贈与税のうち一部および利子税を納付します。

C…猶予されていた贈与税が免除されます（税務署に「免除届出書」または「免除申請書」を提出してください）。免除対象贈与の適用を受ける場合には、免除対象贈与した株式等に対応する部分のみが免除されます。

※1　後継者に「やむを得ない理由」が生じた場合を除きます。
※2　後継者に「やむを得ない理由」が生じたことにより株式等の贈与をした場合に限ります。

（出典：中小企業庁「経営承継円滑化法申請マニュアル」を一部加工）

【相続税の納税猶予の認定取消事由】

	事由	経営承継期間内	経営承継期間経過後
後継者（相続人）の要件	1　認定承継会社の代表者を退任した場合	A[※1]	—
	2　議決権同族過半数要件を満たさなくなった場合	A	—
	3　同族内筆頭要件を満たさなくなった場合	A	—
	4　納税猶予対象株式を譲渡した場合	A	B
	5　次の後継者（3代目）に対し納税猶予の認定を受ける贈与をした場合	C[※2]	C
	6　自発的な猶予の取消申請をした場合	A	A
	7　後継者（相続人）が死亡した場合	C	C
会社の要件	1　雇用の平均8割維持要件を満たせなかった場合に、実績報告を行わなかったとき	A	—
	2　会社分割（吸収分割承継会社等の株式等を配当財産とする剰余金の配当があった場合に限る）	A	B
	3　組織変更（認定承継会社の株式等以外の財産の交付があった場合に限る）	A	B
	4　解散した場合	A	A

会社の要件	5　資産保有型会社・資産運用型会社に該当した場合	A	A
	6　総収入金額がゼロに該当した場合	A	A
	7　資本金・準備金を減少した場合（欠損填補目的等を除く）	A	A
	8　合併により消滅した場合（一定の場合を除く）	A	B
	9　株式交換・株式移転により完全子会社となった場合（一定の場合を除く）	A	B
	10　上場会社・風俗営業会社に該当した場合	A	－
	11　特定特別子会社が風俗営業会社に該当した場合	A	－
	12　黄金株を特例措置の適用を受ける後継者以外の者が保有した場合	A	－
	13　議決権を制限した場合	A	－
	14　年次報告書や継続届出書を未提出または虚偽の報告等をしていた場合　等	A	A

A…猶予されていた相続税の全額および利子税を納付します。事業継続期間内に該当した場合には、随時報告書を提出してください。

B…猶予されていた相続税のうち一部および利子税を納付します。

C…猶予されていた相続税が免除されます。免除対象贈与の適用を受ける場合には免除対象贈与した株式等に対応する部分のみが免除されます。

　※1　後継者に「やむを得ない理由」が生じた場合を除きます。
　※2　後継者に「やむを得ない理由」が生じたことにより株式等の贈与をした場合に限ります。

（出典：中小企業庁「経営承継円滑化法申請マニュアル」を一部加工）

2　実務上のポイント

　提出期限までに年次報告書や継続届出書の提出がない場合も取消事由に該当し猶予税額が確定します。届出書の提出期限は必ず確認し、期限管理を行う必要があります。

Q21 納税猶予が打ち切られた場合はどうなりますか。

贈与税　相続税

A

贈与税、相続税の納税猶予の適用を受けた非上場株式等について、その後資産保有会社に該当するなど一定の事由（認定取消事由）に該当した場合、納税猶予の期限が確定します。猶予期限が確定した場合には、猶予税額の全部または一部と利子税と併せて納付する必要があります。

1　経営承継期間内に認定取消事由が発生した場合

　贈与税・相続税の納税猶予の認定取消事由に該当し、猶予期限が確定した場合の納付税額は、認定取消事由の発生が、経営承継期間内（原則贈与税・相続税の申告期限から5年を経過する日まで）か経営承継期間経過後かで取扱いが異なります。

　経営承継期間内に納税猶予の取消事由に該当した場合には、該当日から2ヵ月を経過する日までに猶予税額の全部または一部と利子税を併せて納付しなければなりません。

2　経営承継期間経過後に認定取消事由に該当した場合

　経営承継期間経過後に認定取消事由に該当した場合、該当日から2ヵ月を経過する日までに猶予税額の全額または一部と利子税を併せて納付しなければなりません。

　ただし、利子税の負担軽減措置として、経営承継期間中の利子税は免除されます。

```
┌─ 経営承継期間経過後の取消し ──────────────────────────────────┐
│                     利子税免除                              │
│  相続   申告  ←──────────────→  5    ←──────────────→   │
│  ・    期限      経営承継期間内      年            経営承継期間経過後  │
│  贈与                          経                              │
│                               過                              │
│                               日                              │
└──────────────────────────────────────────────────────┘

┌─《利子税の負担軽減措置》──────────────────────────────────┐
│  経営承継期間経過後に認定取消事由が生じた場合、経営承継期間中の利子税は**免除**されます。│
└──────────────────────────────────────────────────────┘
```

3　実務上のポイント

　経営承継期間を経過すれば、取消事由に該当しても経営承継期間内に発生した利子税は免除されます。

Q22 経営承継期間内における雇用確保要件について教えてください。

贈与税　相続税

A 一般措置では、承継後5年間における常時使用従業員の数の平均が相続時点、贈与時点における従業員数の80％未満の場合には納税猶予の認定取消事由に該当し、猶予税額が確定します。
一方、特例措置では雇用確保要件を満たすことができなかった場合でも、その理由を記載した報告書を都道府県知事に提出すれば認定は取消しされないこととなりました。
なお、その理由が経営状況の悪化等である場合には、会社は認定支援機関の指導および助言を受けて、書類に指導内容等を記載しなければなりません。

1　雇用確保要件の概要

　一般措置では、経営承継期間（原則として贈与税・相続税の申告期限後5年間）における、常時使用従業員数の5年間の平均値が、贈与時点・相続時点における従業員数の80％未満となった場合には、納税猶予の認定取消事由に該当し、納税猶予の期限が確定します。

　改正後の特例措置では、雇用要件確保を満たすことができなかった場合は、認定支援機関の所見および雇用確保要件を満たすことのできない理由を記載した報告書を都道府県知事に提出し、その確認を受けなければなりません。

　なお、その理由が経営状況の悪化である場合または正当なものと認められない場合には、会社は認定支援機関の指導および助言を受けて、報告書

第 2 章 事業承継税制特例措置の概要

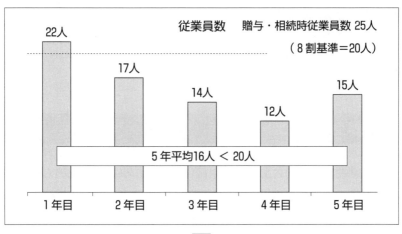

5年平均で8割を下回っているため、雇用が減少した理由について都道府県に報告が必要

（出典：中小企業庁「特例承継計画記載マニュアル」を一部加工）

【雇用確保要件の常時使用従業員数の平均を算出する算式】

〈算式〉

$$\frac{\text{基準日における常時使用従業員数の合計}}{\text{経営承継期間の末日における経営承継期間内に存する基準日の数}} \geqq \text{贈与・相続時の常時使用従業員数} \times 80\%^{※}$$

※80％を乗じた数が1人に満たない端数は切捨て
(注) 基準日…経営承継期間内における、贈与税・相続税の申告期限の翌日から1年を経過するごとの日

に指導内容等を記載しなければなりません。

そして、この報告書の写しおよび都道府県知事の確認書の写しを、特例措置に係る継続届出書に添付すれば認定取消事由には該当せず納税猶予の適用は継続することとなります。

2 実務上のポイント

経営承継期間5年間における雇用確保要件は、事業承継税制の適用を検討するうえで困難な事由の1つでしたが、改正により認定支援機関の所見や雇用確保要件を満たすことのできない理由等を記載した報告書を都道府県庁に提出し、継続届出書にその確認書等を添付すれば納税猶予の期限は確定されないこととなり、雇用確保要件は実質的に撤廃となりました。これらの書類の提出がない場合には、納税猶予の期限が確定し、認定取消しとなるため、注意が必要です。

Q23

贈与税　相続税

資産保有型会社、資産運用型会社について教えてください。

A 資産保有型会社、資産運用型会社に該当した場合には納税猶予の適用を受けることができません。

1 資産保有型会社、資産運用型会社について

資産保有型会社、資産運用型会社の判定は下記算式により行います。

【資産保有型会社】

$$\frac{\text{特定資産の帳簿価額の合計額} + \text{本人および同族関係者に支払われた配当および損金不算入役員給与}}{\text{資産の帳簿価額の総額} + \text{本人および同族関係者に支払われた配当および損金不算入役員給与}} \geq 70\%$$

【資産運用型会社】

$$\frac{\text{特定資産の運用収入} \left(\begin{array}{c} \text{特定資産からの株式配当・受取利息・} \\ \text{受取家賃・特定資産の譲渡収入（譲渡価額）} \end{array} \right)}{\text{総収入金額} \left(\begin{array}{c} \text{損益計算書の売上高＋営業外収益＋特別利益} \\ \text{（資産譲渡については譲渡価額に返還）} \end{array} \right)} \geq 75\%$$

上記算式中の特定資産とは以下のようなものを指します。

(1) 現金や預貯金その他これらに類する資産

現金、預貯金、保険積立金、申請者の代表者やその同族関係者に対する貸付金や未収入金、預け金、差入保証金等の現金や預貯金と同視しうる資産。

（2）有価証券等

国債・地方債、株券等の一定の有価証券。

（3）現に自ら使用していない不動産

遊休不動産、販売用不動産、第三者に賃貸している不動産等、申請者自身が自らの事務所や工場として使用している不動産以外のものすべてが該当します。

（4）ゴルフ会員権等

ゴルフ会員権、スポーツクラブ会員権、リゾート会員権等が該当します。ただし、ゴルフ会員権等の販売業者が販売目的で所有しているものを除きます。

（5）絵画、貴金属等

絵画、彫刻、工芸品その他の有形の文化的所産である動産、貴金属宝石が該当します。ただし、これらの資産の販売業者が販売目的で所有しているものを除きます。

2 事業実態があるとされるための要件

資産保有型会社、資産運用型会社に該当する場合であっても、事業実態のある会社に関しては、認定の対象となります。

事業実態があるとされるためには、下記①～③すべての要件を満たす必要があります。

① 贈与の日（または相続開始日）まで引き続き3年以上継続して商品販売または役務の提供等を対価を得て行っていること。または商品販売等のために必要な資産を所有または賃貸していること

② 常時使用する従業員が5人以上いること（ただし、受贈者または相続人と生計を一にする親族は含めることができません）

③ 事務所、店舗、工場その他これらに類するものを所有し、または賃貸していること

3 実務上のポイント

資産保有型会社、資産運用型会社に該当する場合においても、事業実態のある会社については納税猶予の適用となります。たとえば、都内に評価額が高額な不動産を所有していても事業実態があれば納税猶予の適用対象となります。

Q24

贈与税　相続税

担保提供について教えてください。

A 納税猶予制度の適用を受けるためには、贈与または相続を受けた非上場株式等に係る贈与税・相続税の申告期限までに、納税猶予税額および利子税の額に見合う担保を所轄の税務署に提供する必要があります。
具体的な手続は、株券発行会社の場合と株券不発行会社の場合で異なります。

1　担保として提供する財産の価額

担保として提供する財産の価額は、納税猶予税額と利子税の合計額に見合うことが必要です。ただし、認定承継会社の対象非上場株式の全部を担保として提供した場合には、必要相当額に見合う担保提供があったものとみなされます。

2　株券発行会社の場合の手続

認定承継会社の非上場株式等を担保として提供する場合には、株券を法務局に供託して、その供託書の正本をその提供先の税務署に提出する必要があります。

3　株券不発行会社の場合の手続

認定承継会社が株券不発行会社の場合には、所轄の税務署に対して、そ

の株式等に質権を設定することを承諾した旨を記載した書類等を提出することにより、担保の提供が可能となります。

具体的には、下記の書類を提出します。
① 認定承継会社の非上場株式に税務署長が質権を設定することについて承諾した旨を記載した書類（自署押印したものに限ります）
② 納税者の印鑑証明書

※質権設定後に、認定承継会社の株主名簿記載事項証明書および当該証明書の押印に係る代表取締役の印鑑証明書を提出する必要があります。

4 納税猶予期間中の担保割れ

非上場株式等を担保に供している場合において、納税猶予期間中に担保割れ（担保に供されている非上場株式等の価額が納税猶予税額に満たない場合）となったときであっても、事業承継による贈与または相続で取得した非上場株式等のすべてを担保に供している場合には、納税猶予税額に相当する担保が提供されているものとみなされます（「みなす充足」といいます）。

しかし、下記の場合においては、みなす充足に該当しないこととなります。
① 担保として提供している非上場株式等の全部または一部に変更があった場合
② 特例会社が株券不発行会社に移行した場合（事前に税務署長に対してその旨を通知している場合を除きます）
③ 特例会社が株券発行会社に移行する場合（事前に税務署長に対してその旨を通知している場合を除きます）

Q25 後継者が株式を譲渡または贈与した場合はどうなりますか。

贈与税　相続税

A 納税猶予の適用を受けた後継者が株式を譲渡または贈与した場合は、経営承継期間（原則、申告期限の翌日から5年を経過する日まで）「内」と、経営承継期間「経過後」で対応が異なります。

1　後継者が経営承継期間内に適用株式を譲渡または贈与した場合

経営承継期間（原則、申告期限の翌日から5年を経過する日まで）内に、この制度の適用を受けた株式について「一部」でも譲渡または贈与した場合、一定のやむをえない場合を除き納税猶予の適用が終了します。この場合、納税が猶予されている税額の「全額」と利子税を併せて納付する必要があります。

2　後継者が経営承継期間経過後に適用株式を譲渡または贈与した場合

経営承継期間を「経過した後」にこの制度の適用を受けた株式を譲渡または贈与した場合には、猶予税額のうち「譲渡した部分に対応する」税額と利子税を併せて納付します。譲渡した部分に対応しない猶予税額については引き続き納税が猶予されます。

ただし、事業承継税制の適用を受けた2代目の後継者が、経営承継期間を「経過した後」に当該株式を3代目の後継者に贈与し、3代目の後継者が贈与税の納税猶予の適用を受ける場合には、これに対応する部分の猶予税額は「免除」されますので、対応部分の猶予税額を納める必要はありま

第2章 事業承継税制特例措置の概要

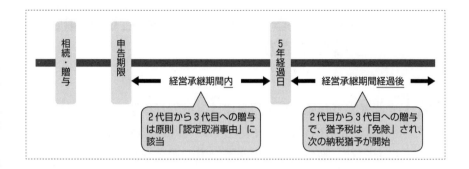

せん。これを「免除対象贈与」といいます。

　特例承継期間「内」の2代目から3代目への贈与は一定のやむをえない場合を除き認定取消事由に該当します。2代目から3代目への贈与は、経営承継期間経過「後」に行うよう注意が必要です。

Q26 贈与者である先代経営者が死亡した場合はどうなりますか。

贈与税　相続税

A 先代経営者が死亡した場合には、納税が猶予されていた贈与税は免除されます。その上で、先代経営者の相続税申告において、贈与税の納税猶予制度の適用を受けた株式等を、相続または遺贈により取得したものとみなして、贈与時の価額により他の相続財産と合算して相続税の計算を行うことになります。
その際、都道府県知事の「経営承継円滑化法の確認」を受け、一定の要件を満たす場合には、「非上場株式等の贈与者が死亡した場合の相続税の納税猶予・免除」の適用を受けることができます。

1 先代経営者の相続発生時の納税猶予の流れ

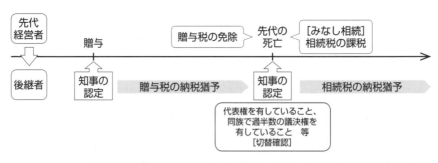

中小企業庁「経営承継円滑化法申請マニュアル（平成30年4月施行）」を加工

2 贈与税の猶予の免除

 先代経営者（贈与者）の死亡の日までにこの制度の適用を受けていたものについては、納税を猶予されていた贈与税額が免除されます。
 この場合、死亡の日から10ヵ月以内に「免除届出書」を所轄の税務署に提出する必要があります。

3 相続税の納税猶予の手続

 贈与税の納税猶予の免除を受けた株式等は、死亡した先代経営者から相続または遺贈により取得したものとみなして相続税が課せられます。その際、以下の手続を行うことで、その相続税についても納税を猶予することができます。

（1） 都道府県知事による経営承継円滑化法の確認（切替確認）
 会社がこの制度の適用要件を満たしていることについて、相続開始後8ヵ月以内に都道府県知事の「経営承継円滑化法の確認」を受ける必要があります。

（2） 相続税の申告書の作成・提出
 相続税の申告期限までに、「非上場株式等の贈与者が死亡した場合の相続税の納税猶予・免除制度」の適用を受ける旨を記載した相続税の申告書および一定の書類を所轄の税務署に提出するとともに、納税が猶予される相続税額および利子税の額に見合う担保を提供する必要があります。
 相続税の計算をする際の非上場株式の価額は、株式の贈与時における価額を基礎として計算します。

4 実務上のポイント

 贈与者が死亡した場合の相続税の納税猶予制度を適用するには、贈与税

相当額の担保を提供する必要があります。
　先代経営者の死亡により、贈与税額の免除を受ける場合には、「免除届出書」を贈与者の死亡の日から10ヵ月以内に税務署に提出する必要があります。

Q27 贈与者に相続があった場合の「切替確認」の要件を教えてください。

贈与税

A 贈与税の納税猶予中に贈与者が死亡した場合は、猶予されていた贈与税は免除されたうえで、贈与を受けた株式等を贈与者から相続等により取得したものとみなして相続税が課税されます。その際、都道府県知事の確認を受けることで、相続税の納税猶予を受けることができます。これを「切替確認」といいます。以下、切替確認を受けるための要件を詳述します。

1 「切替確認」を受けるための要件

「切替確認」を受けるためには、次頁表「○」印の要件を満たす必要があります。要件のほとんどは、当初、贈与税の納税猶予の適用を受ける際の要件と同じです。ただし、対象会社や特定特別子会社が大会社、上場会社等（経営承継期間経過後）に該当してはならないといった要件が外れるなど、当初認定時に比べて切替確認時の方が要件が緩和されています。これは、後継者の努力により会社規模が拡大したにもかかわらず、それにより納税猶予の適用が受けられなくなることを防ぐための措置です。

要件	経営承継期間内※1	経営承継期間経過後
中小企業者であること	—	—
風俗営業会社に該当しないこと	○	○
特定特例子会社が風俗営業会社に該当しないこと	○	○
資産保有型会社に該当しないこと	○	○
総収入金額がゼロを超えていること	○	○
従業員数が1人以上いること（一定の場合には5人以上いること）	○	○
上場会社に該当しないこと	○	—
特定特例子会社が上場会社に該当しないこと	○	—
後継者が代表者であること	○	○
後継者の同族で過半数の株式を有していること	○	○
後継者が同族内で筆頭株主であること	○	○
後継者以外の者が黄金株を保有していないこと	○	○

「中小企業者であること」欄：当初の認定時には充足が必要ですが、切替確認時は不要

「上場会社に該当しないこと」「特定特例子会社が上場会社に該当しないこと」欄：当初の認定時には充足が必要ですが、経営承継期間経過後の切替確認時は不要

○：要件を満たす必要があります　−：要件を満たす必要がありません

※1　「経営承継期間」は、原則として贈与税の申告期限の翌日から5年間

（出典：中小企業庁「経営承継円滑化法申請マニュアル」を一部加工）

　なお、贈与者の相続が発生しても「切替確認」を受けない場合は、相続税の納税猶予制度（特例措置）の適用を受けることができないため、注意が必要です。

2　実務上のポイント

　「特例措置」の適用期限は平成39年末までですが、特例措置の「切替確認」は平成40年以降でも受けることができます。たとえば、平成30年に贈与税の納税猶予（特例措置）の認定を受けた後、平成42年に贈与者に相続が発生したとしても、当該相続税については「一般措置（対象株式上限2/3、猶予割合80％）」ではなく、「特例措置（対象株式上限3/3、猶予割合100％）」が適用されます。

Q28 租税回避等により特例措置を適用できない場合はありますか。

贈与税　相続税

A 租税回避等により贈与税・相続税の負担が不当に減少する場合には、税務署長は、納税の猶予に係る期限を繰り上げまたは免除する納税の猶予に係る贈与税を定めることができます。さらに個人の資産を会社に現物出資等で移転し、納税猶予の適用を受けるといった租税回避行為も行うことはできません。

1 同族会社の行為または計算の否認

受遺者（相続人等）、経営者、これらの者と特別な関係がある者の贈与税・相続税の負担が不当に減少する結果と認められる場合には、同族会社等の行為または計算の否認規定が準用され、税務署長は、納税の猶予に係る期限を繰り上げたり、特例措置の適用による贈与税・相続税の免除を取り消すことができます。

【同族会社等の行為または計算の否認規定の準用】

①	相続税法64条1項（同族会社等の行為・計算の否認）
②	相続税法64条2項で準用する同条1項（同族会社等の行為・計算における法人税・所得税の規定の準用）
③	相続税法64条4項（合併、分割、現物出資、株式交換、株式移転をした一方の法人または他方の法人の行為・計算の否認）

2 3年以内の現物出資等の割合が70％以上である場合

　租税回避の防止策として、相続または贈与前3年以内に会社が受贈者（相続人等）およびその者と一定の関係を有する者から現物出資または贈与により取得した資産がある場合には、会社の株式の贈与があった時に、その現物出資または贈与で取得した資産の総資産に占める割合が70％以上である場合には、相続税・贈与税の納税猶予の適用を受けることができません。

3 配当・過大役員給与の除外

　下記の場合において配当・過大役員給与が除外されます。
① 　資産保有型会社の判定においては、配当・過大役員給与を除外して判定することになります。
② 　納税猶予期間後に該当株式を一括譲渡した場合や、法的な倒産等による免除においては、配当・過大役員給与については免除されません。
③ 　経営環境の変化により、特例期間経過後に該当株式を一括譲渡した場合などによる免除においては、配当・過大役員給与については免除されません。

4 実務上のポイント

　個人の資産を会社に現物出資や贈与により移転した場合、移転した資産の割合が総資産の70％以上になると相続税および贈与税の納税猶予の適用は受けられません。個人資産を会社に移す場合は、租税回避行為とみなされないよう、十分な検討が必要となります。

資　　料

- ●第一種特例経営承継贈与に係る申請書および添付書類
- ●第一種特例経営承継相続に係る申請書および添付書類

（中小企業庁ホームページより加工して引用）

【先代経営者から後継者への贈与(第一種特例経営承継贈与)】

第一種特例贈与認定中小企業者に係る認定申請書

年　月　日

都道府県知事名　殿

郵便番号
会社所在地
会　社　名
電話番号
代表者の氏名　　　　　　　印

　中小企業における経営の承継の円滑化に関する法律第12条第1項の認定(同法施行規則第6条第1項第11号の事由に係るものに限る。)を受けたいので、下記のとおり申請します。

記

1　特例承継計画の確認について

施行規則第17条第1項第1号の確認(施行規則第18条第1項又は第2項の変更の確認をした場合には変更後の確認)に係る確認事項	確認の有無		□有 □無(本申請と併せて提出)
	「有」の場合	確認の年月日及び番号	年　月　日(　号)
		特例代表者の氏名	
		特例後継者の氏名	

資料

2 贈与者及び第一種特例経営承継受贈者について

贈与の日		年　月　日	
第一種特例贈与認定申請基準日		年　月　日	
贈与税申告期限		年　月　日	
第一種特例贈与認定申請基準事業年度		年　月　日から　年　月　日まで	
総株主等議決権数	贈与の直前	(a)	個
	贈与の時	(b)	個
贈与者	氏名		
	贈与の時の住所		
	贈与の時の代表者への就任の有無	□有　□無	
	贈与の時における過去の法第12条第1項の認定（施行規則第6条第1項第11号又は第13号の事由に係るものに限る。）に係る贈与の有無	□有　□無	
	代表者であった時期	年　月　日から　年　月　日	
	代表者であって、同族関係者と合わせて申請者の総株主等議決権数の100分の50を超える数を有し、かつ、いずれの同族関係者（第一種特例経営承継受贈者となる者を除く。）が有する議決権数をも下回っていなかった時期(*)	年　月　日から　年　月　日	
	(*)の時期における総株主等議決権数	(c)	個

87

贈与者	（＊）の時期における同族関係者との保有議決権数の合計及びその割合			(d) + (e) ((d) + (e))/(c)	個 ％
	（＊）の時期における保有議決権数及びその割合			(d) (d)/(c) ％	個
	（＊）の時期における同族関係者	氏名 (会社名)	住所 (会社所在地)	保有議決権数及びその割合	
				(e) (e)/(c)	個 ％
	贈与の直前における同族関係者との保有議決権数の合計及びその割合			(f) + (g) ((f) + (g))/(a)	個 ％
	贈与の直前における保有議決権数及びその割合			(f) (f)/(a)	個 ％
	贈与の直前における同族関係者	氏名 (会社名)	住所 (会社所在地)	保有議決権数及びその割合	
				(g) (g)/(a)	個 ％
	（＊2）から（＊3）を控除した残数又は残額			(i) − (j)	株(円)
	贈与の直前の発行済株式又は出資(議決権の制限のない株式等に限る。)の総数又は総額(＊1)			(h)	株(円)
		（＊1）の3分の2（＊2）		(i) = (h)×2/3	株(円)
	贈与の直前において第一種特例経営承継受贈者が有していた株式等の数又は金額(＊3)			(j)	株(円)
	贈与の直前において贈与者が有していた株式等(議決権に制限のないものに限る。)の数又は金額				株(円)
	贈与者が贈与をした株式等(議決権の制限のないものに限る。)の数又は金額				株(円)

資料

第一種特例経営承継受贈者	氏名			
	住所			
	贈与の日における年齢			
	贈与の時における贈与者との関係	□直系卑属 □直系卑属以外の親族 □親族外		
	贈与の時における代表者への就任の有無		□有 □無	
	贈与の日前3年以上にわたる役員への就任の有無		□有 □無	
	贈与の時における過去の法第12条第1項の認定(施行規則第6条第1項第7号又は第9号の事由に係るものに限る。)に係る受贈の有無		□有 □無	
	贈与の時における同族関係者との保有議決権数の合計及びその割合	(k)＋(l)＋(m) ((k)＋(l)＋(m))/(b)　　％		
	保有議決権数及びその割合	贈与の直前	(k)　　個 (k)/(a)　　％	贈与者から贈与により取得した数(＊4)
		贈与の時	(k)＋(l)　　個 ((k)＋(l))/(b)　　％	(l)　　個
		(＊4)のうち租税特別措置法第70条の7の5第1項の適用を受けようとする株式等に係る議決権の数(＊5)		個
		(＊5)のうち第一種特例贈与認定申請基準日までに譲渡した数		個
	贈与の時における同族関係者	氏名(会社名)	住所(会社所在地)	保有議決権数及びその割合
				(m)　　個 (m)/(b)　　％

3 贈与者が第一種特例経営承継受贈者へ第一種特例認定贈与株式を法第12条第1項の認定に係る贈与をする前に、当該認定贈与株式を法第12条第1項の認定に係る受贈をしている場合に記載すべき事項について

本申請に係る株式等の贈与が該当する贈与の類型	□該当無し □第一種特別贈与認定株式再贈与 □第二種特別贈与認定株式再贈与 □第一種特例贈与認定株式再贈与 □第二種特例贈与認定株式再贈与			
	氏名	認定日	左記認定番号	左記認定を受けた株式数
第一種特例贈与認定中小企業者の認定贈与株式を法第12条第1項の認定に係る受贈をした者に、贈与をした者(当該贈与をした者が複数ある場合には、贈与した順にすべてを記載する。)				

(備考)
① 用紙の大きさは、日本工業規格A4とする。
② 記名押印については、署名をする場合、押印を省略することができる。
③ 申請書の写し(別紙1及び別紙2を含む)及び施行規則第7条第6項の規定により読み替えられた同条第2項各号に掲げる書類を添付する。
④ 「施行規則第17条第1項第1号の確認(施行規則第18条第1項又は第2項の変更の確認をした場合には変更後の確認)に係る確認事項」については、当該確認を受けていない場合には、本申請と併せて施行規則第17条第2項各号に掲げる書類を添付する。また、施行規則第18条第1項又は第2項に定める変更をし、当該変更後の確認を受けていない場合には、本申請と併せて同条第5項の規定により読み替えられた前条第2項に掲げる書類を添付する。
⑤ 施行規則第6条第2項の規定により申請者が資産保有型会社又は資産運用型会社に該当しないものとみなれた場合には、その旨を証する書類を添付する。
⑥ 第一種特例贈与認定申請基準事業年度終了の日において申請者に特別

子会社がある場合にあっては特別子会社に該当する旨を証する書類、当該特別子会社が資産保有型子会社又は資産運用型子会社に該当しないとき（施行規則第6条第2項の規定によりそれぞれに該当しないものとみなされた場合を含む。）には、その旨を証する書類を添付する。

（記載要領）
① 単位が「％」の欄は小数点第1位までの値を記載する。
②「贈与者から贈与により取得した数」については、贈与の時以後のいずれかの時において申請者が合併により消滅した場合にあっては当該合併に際して交付された吸収合併存続会社等の株式等（会社法第234条第1項の規定により競売しなければならない株式を除く。）に係る議決権の数、贈与の時以後のいずれかの時において申請者が株式交換等により他の会社の株式交換完全子会社等となった場合にあっては当該株式交換等に際して交付された株式交換完全親会社等の株式等（会社法第234条第1項の規定により競売しなければならない株式を除く。）に係る議決権の数とする。
③「認定申請基準事業年度における特定資産等に係る明細表」については、第一種特例贈与認定申請基準事業年度に該当する事業年度が複数ある場合には、その事業年度ごとに同様の表を記載する。「特定資産」又は「運用収入」については、該当するものが複数ある場合には同様の欄を追加して記載する。（施行規則第6条第2項の規定によりそれぞれに該当しないものとみなされた場合には空欄とする。）
④「損金不算入となる給与」については、法人税法第34条及び第36条の規定により申請者の各事業年度の所得の金額の計算上損金の額に算入されないこととなる給与（債務の免除による利益その他の経済的な利益を含む。）の額を記載する。（施行規則第6条第2項の規定によりそれぞれに該当しないものとみなされた場合には空欄とする。）
⑤「（＊3）を発行している場合にはその保有者」については、申請者が会社法第108条第1項第8号に掲げる事項について定めがある種類の株式を発行している場合に記載し、該当する者が複数ある場合には同様の欄を追加して記載する。
⑥「総収入金額（営業外収入及び特別利益を除く。）」については、会社計算規則（平成18年法務省令第13号）第88条第1項第4号に掲げる営業外収益及び同項第6号に掲げる特別利益を除いて記載する。
⑦「同族関係者」については、該当する者が複数ある場合には同様の欄を追加して記載する。

⑧ 「(＊1)の3分の2」については、1株未満又は1円未満の端数がある場合にあっては、その端数を切り上げた数又は金額を記載する。
⑨ 「特別子会社」については、贈与の時以後において申請者に特別子会社がある場合に記載する。特別子会社が複数ある場合には、それぞれにつき記載する。「株主又は社員」が複数ある場合には、同様の欄を追加して記載する。

(別紙1)

認定中小企業者の特定資産等について

主たる事業内容					
資本金の額又は出資の総額					円
認定申請基準事業年度における特定資産等に係る明細表					
種別	内容	利用状況	帳簿価額	運用収入	
有価証券	特別子会社の株式又は持分((＊2)を除く。)			(1) 円	(12) 円
	資産保有型子会社又は資産運用型子会社に該当する特別子会社の株式又は持分(＊2)			(2) 円	(13) 円
	特別子会社の株式又は持分以外のもの			(3) 円	(14) 円
不動産	現に自ら使用しているもの			(4) 円	(15) 円
	現に自ら使用していないもの			(5) 円	(16) 円
ゴルフ場その他の施設の利用に関する権利	事業の用に供することを目的として有するもの			(6) 円	(17) 円
	事業の用に供することを目的としないで有するもの			(7) 円	(18) 円

資　料

絵画、彫刻、工芸品その他の有形の文化的所産である動産、貴金属及び宝石	事業の用に供することを目的として有するもの			(8)　　円	(19)　　円
	事業の用に供することを目的としないで有するもの			(9)　　円	(20)　　円
現金、預貯金等	現金及び預貯金その他これらに類する資産			(10)　　円	(21)　　円
	経営承継受贈者及び当該経営承継受贈者に係る同族関係者等（施行規則第1条第12項第2号ホに掲げる者をいう。）に対する貸付金及び未収金その他これらに類する資産			(11)　　円	(22)　　円
特定資産の帳簿価額の合計額	(23)＝(2)＋(3)＋(5)＋(7)＋(9)＋(10)＋(11)　　円	特定資産の運用収入の合計額		(25)＝(13)＋(14)＋(16)＋(18)＋(20)＋(21)＋(22)　　円	
資産の帳簿価額の総額	(24)　　円	総収入金額		(26)　　円	
認定申請基準事業年度終了の日以前の5年間（贈与の日前の期間を除く。）に経営承継受贈者及び当該経営承継受贈者に係る同族関係者に対して支払われた剰余金の配当等及び損金不算入となる給与の金額		剰余金の配当等	(27)　　円		
		損金不算入となる給与	(28)　　円		
特定資産の帳簿価額等の合計額が資産の帳簿価額等の総額に対する割合	(29)＝((23)＋(27)＋(28))／((24)＋(27)＋(28))　　％	特定資産の運用収入の合計額が総収入金額に占める割合		(30)＝(25)／(26)　　％	

会社法第108条第1項第8号に掲げる事項について定めがある種類の株式 $^{(*3)}$ の発行の有無		有☐　無☐	
（＊3）を発行している場合にはその保有者	氏名（会社名）	住所（会社所在地）	
総収入金額（営業外収益及び特別利益を除く。）			円

（別紙2）
認定中小企業者の常時使用する従業員の数及び特別子会社について
1　認定中小企業者が常時使用する従業員の数について

常時使用する従業員の数	贈与の時 (a)＋(b)＋(c)-(d) 人	
	厚生年金保険の被保険者の数	(a) 人
	厚生年金保険の被保険者ではなく健康保険の被保険者である従業員の数	(b) 人
	厚生年金保険・健康保険のいずれの被保険者でもない従業員の数	(c) 人
	役員（使用人兼務役員を除く。）の数	(d) 人

2　贈与の時以後における認定中小企業者の特別子会社について

区分			特定特別子会社に　該当／非該当	
会社名				
会社所在地				
主たる事業内容				
資本金の額又は出資の総額				円
総株主等議決権数			(a)	個
株主又は社員	氏名(会社名)	住所(会社所在地)	保有議決権数及びその割合	
			(b)	個
			(b)/(a)	％

【添付書類】
1．認定申請書（原本1部、写し1部）

資　料

2．定款の写し
3．株主名簿
4．登記事項証明書
5．贈与契約書及び贈与税額の見込み額を記載した書類
6．従業員数証明書
7．贈与認定申請基準年度の決算書類
8．上場会社等及び風俗営業会社のいずれにも該当しない旨の誓約書
9．特別子会社・特定特別子会社に関する誓約書
10．贈与者・受贈者・その他の一定の親族の戸籍謄本等
11．特例承継計画又はその確認書
12．その他、認定の参考となる書類
13．返信用封筒

【先代経営者から後継者への相続(第一種特例経営承継相続)】

第一種特例相続認定中小企業者に係る認定申請書

年　月　日

都道府県知事名　殿

　　　　　　　　　　　郵便番号
　　　　　　　　　　　会社所在地
　　　　　　　　　　　会　社　名
　　　　　　　　　　　電話番号
　　　　　　　　　　　代表者の氏名　　　　　　印

　中小企業における経営の承継の円滑化に関する法律第12条第1項の認定(同法施行規則第6条第1項第12号の事由に係るものに限る。)を受けたいので、下記のとおり申請します。

記

1　特例承継計画の確認について

施行規則第17条第1項第1号の確認(施行規則第18条第1項又は第2項の変更の確認をした場合には変更後の確認)に係る確認事項	確認の有無		□有 □無(本申請と併せて提出)
	「有」の場合	確認の年月日及び番号	年　月　日(　号)
		特例代表者の氏名	
		特例後継者の氏名	

2 被相続人及び第一種特例経営承継相続人について

相続の開始の日		年　月　日	
第一種特例相続認定申請基準日		年　月　日	
相続税申告期限		年　月　日	
第一種特例相続認定申請基準事業年度	年　月　日から　年　月　日まで		
総株主等議決権数	相続の開始の直前	(a)	個
	相続の開始の時	(b)	個
被相続人	氏名		
	最後の住所		
	相続の開始の日の年齢		
	相続の開始の時における過去の法第12条第1項の認定（施行規則第6条第1項第11号又は第13号の事由に係るものに限る。）に係る贈与の有無	□有　□無	
	代表者であった時期	年　月　日から　年　月　日	
	代表者であって、同族関係者と合わせて申請者の総株主等議決権数の100分の50を超える数を有し、かつ、いずれの同族関係者（第一種特例経営承継相続人となる者を除く。）が有する議決権数をも下回っていなかった時期(＊)	年　月　日から　年　月　日	
	(＊)の時期における総株主等議決権数	(c)	個

被相続人	（＊）の時期における同族関係者との保有議決権数			(d) + (e)	個
				((d) + (e))/(c)	％
	（＊）の時期における保有議決権数及びその割合			(d)	個
				(d)/(c)	％
	（＊）の時期における同族関係者	氏名（会社名）	住所（会社所在地）	保有議決権数及びその割合	
				(e)	個
				(e)/(c)	％
	相続の開始の直前における同族関係者との保有議決権数の合計及びその割合			(f) + (g)	個
				((f) + (g))/(a)	％
	相続の開始の直前における保有議決権数及びその割合			(f)	個
				(f)/(a)	％
	相続の開始の直前における同族関係者	氏名（会社名）	住所（会社所在地）	保有議決権数及びその割合	
				(g)	個
				(g)/(a)	％
第一種特例経営承継相続人	氏名				
	住所				
	相続の開始の直前における被相続人との関係			□直系卑属 □直系卑属以外の親族 □親族外	
	相続の開始の日の翌日から５月を経過する日における代表者への就任の有無			□有　□無	
	相続の開始の直前における役員への就任の有無			□有　□無	
	相続の開始の時における過去の法第12条第１項の認定（施行規則第６条第１項第７号又は第９号の事由に係るものに限る。）に係る受贈の有無			□有　□無	
	相続の開始の時における同族関係者との保有議決権数の合計及びその割合			(h) + (i) + (j)	個
				((h) + (i) + (j))/(b)	％
	保有議決権数及びその割合	相続の開始の直前	(h)	個	被相続人から相続又は遺贈により取得した数(＊1) (i) 個
			(h)/(a)	％	
		相続の開始の時	(h) + (i)	個	
			((h) + (i))/(b)	％	

第一種特例経営承継相続人	保有議決権数及びその割合	（＊1）のうち租税特別措置法第70条の7の6第1項の適用を受けようとする株式等に係る数（＊2）		個
		（＊2）のうち第一種特例相続認定申請基準日までに譲渡した数		個
	相続の開始の時における同族関係者	氏名（会社名）	住所（会社所在地）	保有議決権数及びその割合
				(j) 個
				(j)/(b) ％

（備考）
① 用紙の大きさは、日本工業規格Ａ４とする。
② 記名押印については、署名をする場合、押印を省略することができる。
③ 申請書の写し（別紙1及び別紙2を含む）及び施行規則第7条第7項の規定により読み替えられた第7条第3項各号に掲げる書類を添付する。
④ 「施行規則第17条第1項第1号の確認（施行規則第18条第1項又は第2項の変更の確認をした場合には変更後の確認）に係る確認事項」については、当該確認を受けていない場合には、施行規則第17条第2項各号に掲げる書類を添付する。また、施行規則第18条第1項又は第2項に定める変更をし、当該変更後の確認を受けていない場合には、同条第5項の規定により読み替えられた前条第2項に掲げる書類を添付する。
⑤ 施行規則第6条第2項の規定により申請者が資産保有型会社又は資産運用型会社に該当しないものとみなされた場合には、その旨を証する書類を添付する。
⑥ 第一種特例相続認定申請基準事業年度終了の日において申請者に特別子会社がある場合にあっては特別子会社に該当する旨を証する書類、当該特別子会社が資産保有型子会社又は資産運用型子会社に該当しないとき（施行規則第6条第2項の規定によりそれぞれに該当しないものとみなされた場合を含む。）には、その旨を証する書類を添付する。

（記載要領）
① 単位が「％」の欄は小数点第1位までの値を記載する。
② 「被相続人から相続又は遺贈により取得した数」については、相続の開

始の時以後のいずれかの時において申請者が合併により消滅した場合にあっては当該合併に際して交付された吸収合併存続会社等の株式等（会社法第234条第1項の規定により競売しなければならない株式を除く。）に係る議決権の数、相続の開始の時以後のいずれかの時において申請者が株式交換等により他の会社の株式交換完全子会社等となった場合にあっては当該株式交換等に際して交付された株式交換完全親会社等の株式等（会社法第234条第1項の規定により競売しなければならない株式を除く。）に係る議決権の数とする。

③「認定申請基準事業年度における特定資産等に係る明細表」については、第一種特例相続認定申請基準事業年度に該当する事業年度が複数ある場合には、その事業年度ごとに同様の表を記載する。「特定資産」又は「運用収入」については、該当するものが複数ある場合には同様の欄を追加して記載する。（施行規則第6条第2項の規定によりそれぞれに該当しないものとみなされた場合には空欄とする。）

④「損金不算入となる給与」については、法人税法第34条及び第36条の規定により申請者の各事業年度の所得の金額の計算上損金の額に算入されないこととなる給与（債務の免除による利益その他の経済的な利益を含む。）の額を記載する。（施行規則第6条第2項の規定によりそれぞれに該当しないものとみなされた場合には空欄とする。）

⑤「（＊3）を発行している場合にはその保有者」については、申請者が会社法第108条第1項第8号に掲げる事項について定めがある種類の株式を発行している場合に記載し、該当する者が複数ある場合には同様の欄を追加して記載する。

⑥「総収入金額（営業外収入及び特別利益を除く。）」については、会社計算規則（平成18年法務省令第13号）第88条第1項第4号に掲げる営業外収益及び同項第6号に掲げる特別利益を除いて記載する。

⑦「同族関係者」については、該当する者が複数ある場合には同様の欄を追加して記載する。

⑧「特別子会社」については、相続の開始の時以後において申請者に特別子会社がある場合に記載する。特別子会社が複数ある場合には、それぞれにつき記載する。「株主又は社員」が複数ある場合には、同様の欄を追加して記載する。

⑨ 申請者が施行規則第6条第9項の規定により読み替えられた第6条第3項に該当する場合には、「相続の開始」を「贈与」と読み替えて記載する。ただし、「相続の開始の日の翌日から5月を経過する日における

代表者への就任」は「贈与の時における代表者への就任」と、「相続の開始の直前における役員への就任」は「贈与の日前3年以上にわたる役員への就任」と読み替えて記載する。

(別紙1)

認定中小企業者の特定資産等について

主たる事業内容					
資本金の額又は出資の総額					円
認定申請基準事業年度における特定資産等に係る明細表					
種別		内容	利用状況	帳簿価額	運用収入
有価証券	特別子会社の株式又は持分((*2)を除く。)			(1) 円	(12) 円
	資産保有型子会社又は資産運用型子会社に該当する特別子会社の株式又は持分(*2)			(2) 円	(13) 円
	特別子会社の株式又は持分以外のもの			(3) 円	(14) 円
不動産	現に自ら使用しているもの			(4) 円	(15) 円
	現に自ら使用していないもの			(5) 円	(16) 円
ゴルフ場その他の施設の利用に関する権利	事業の用に供することを目的として有するもの			(6) 円	(17) 円
	事業の用に供することを目的としないで有するもの			(7) 円	(18) 円

絵画、彫刻、工芸品その他の有形の文化的所産である動産、貴金属及び宝石	事業の用に供することを目的として有するもの			（8）　　　円	（19）　　　円
	事業の用に供することを目的としないで有するもの			（9）　　　円	（20）　　　円
現金、預貯金等	現金及び預貯金その他これらに類する資産			（10）　　　円	（21）　　　円
	経営承継相続人及び当該経営承継相続人に係る同族関係者等（施行規則第1条第12項第2号ホに掲げる者をいう。）に対する貸付金及び未収金その他これらに類する資産			（11）　　　円	（22）　　　円
特定資産の帳簿価額の合計額	（23）＝（2）＋（3）＋（5）＋（7）＋（9）＋（10）＋（11）　　円	特定資産の運用収入の合計額		（25）＝（13）＋（14）＋（16）＋（18）＋（20）＋（21）＋（22）　　円	
資産の帳簿価額の総額	（24）　　　円	総収入金額		（26）　　　円	
認定申請基準事業年度終了の日以前の5年間（相続の開始の日前の期間を除く。）に経営承継相続人及び当該経営承継相続人に係る同族関係者に対して支払われた剰余金の配当等及び損金不算入となる給与の金額		剰余金の配当等	（27）　　　円		
		損金不算入となる給与	（28）　　　円		
特定資産の帳簿価額等の合計額が資産の帳簿価額等の総額に対する割合	（29）＝（（23）＋（27）＋（28））／（（24）＋（27）＋（28））　　％	特定資産の運用収入の合計額が総収入金額に占める割合		（30）＝（25）／（26）　　％	

資　料

会社法第108条第1項第8号に掲げる事項について定めがある種類の株式^(*3)の発行の有無		有□　無□
(*3) を発行している場合にはその保有者	氏名（会社名）	住所（会社所在地）
総収入金額（営業外収益及び特別利益を除く。）		円

（別紙２）
認定中小企業者が常時使用する従業員の数及び特別子会社について
1　相続認定中小企業者が常時使用する従業員の数について

常時使用する従業員の数		相続の開始の時 (a) + (b) + (c) − (d) 人
	厚生年金保険の被保険者の数	(a) 人
	厚生年金保険の被保険者ではなく健康保険の被保険者である従業員の数	(b) 人
	厚生年金保険・健康保険のいずれの被保険者でもない従業員の数	(c) 人
	役員（使用人兼務役員を除く。）の数	(d) 人

2　相続の開始の時以後における特別子会社について

区分			特定特別子会社に　該当／非該当	
会社名				
会社所在地				
主たる事業内容				
資本金の額又は出資の総額				円
総株主等議決権数			(a)	個
株主又は社員	氏名（会社名）	住所（会社所在地）	保有議決権数及びその割合	
			(b)	個
			(b)/(a)	％

【添付書類】
1．認定申請書（原本1部、写し1部）

2．定款の写し
3．株主名簿
4．登記事項証明書
5．遺言書又は遺産分割協議書の写し及び相続税額の見込み額を記載した書類
6．従業員数証明書)
7．相続認定申請基準年度の決算書類)
8．上場会社等及び風俗営業会社のいずれにも該当しない旨の誓約書
9．特別子会社・特定特別子会社に関する誓約書
10．被相続人・相続人・その他の一定の親族の戸籍謄本等
11．特例承継計画又はその確認書
12．その他、認定の参考となる書類

■著者紹介■

梶原　章弘（かじはら　あきひろ）

税理士。駒澤大学大学院商学研究科を修了後、大手税理士法人勤務を経て税理士法人髙野総合会計事務所に入所。個人税務を専門とする個人資産部門に所属。数多くの相続税申告業務のほか、相続発生前の節税対策、財産承継対策、事業承継対策など幅広い相続関連税務のサポートを得意とする。

《著　書》

『よくわかる中小企業の継ぎ方、売り方、たたみ方』（共著）（ウェッジ）、『一問一答　金融機関のための事業承継の手引き』（共著）（経済法令研究会）、『事業承継成功のマニュアル』（税理士法人髙野総合会計事務所　著）（税務研究会）

高中　恵美（たかなか　めぐみ）

税理士。お茶の水女子大学卒業。大手銀行勤務を経て税理士法人髙野総合会計事務所に入所。相続税申告や相続対策、事業承継コンサルティング等、個人資産税を中心とした業務に従事。

《著　書》

『時価・価額をめぐる税務判断の手引』（共著）（新日本法規出版）、『誰にもわかる借地借家の手引』（共著）（新日本法規出版）、『もめない相続』（税理士法人髙野総合会計事務所　著）

深川　雄（ふかがわ　ゆう）

税理士。青山学院大学大学院法学研究科修了。2ヵ所の会計事務所勤務を経て税理士法人髙野総合会計事務所に入所。個人資産部門に所属。相続税・贈与税・譲渡所得を中心とした申告業務や事業承継対策業務に従事。

《著　書》

『誰にもわかる借地借家の手引』（共著）（新日本法規出版）、『事業承継成功のマニュアル』（税理士法人髙野総合会計事務所　著）（税務研究会）、『時価・価額をめぐる税務判断の手引』（共著）（新日本法規出版）

よくわかる 事業承継税制特例措置 Q & A

2019年3月15日　初版第1刷発行	著　者	梶　原　章　弘
		高　中　恵　美
		深　川　雄　雄
	発 行 者	金　子　幸　司
	発 行 所	㈱経済法令研究会

〒162-8421　東京都新宿区市谷本村町3-21
電話 代表 03(3267)4811　制作 03(3267)4823
https://www.khk.co.jp/

営業所／東京03(3267)4812　大阪06(6261)2911　名古屋052(332)3511　福岡092(411)0805

表紙デザイン／bookwall
制作／岡本　彩　印刷／日本ハイコム㈱　製本／㈱ブックアート

Ⓒ Akihiro Kajihara, Megumi Takanaka, Yu Fukagawa 2019　Printed in Japan　ISBN978-4-7668-3398-0

☆ 本書の内容等に関する追加情報および訂正等について ☆
本書の内容等につき発行後に追加情報のお知らせおよび誤記の訂正等の必要が生じた場合には、当社ホームページに掲載いたします。
（ホームページ　書籍・DVD・定期刊行誌　メニュー下部の　追補・正誤表 ）

定価は表紙に表示してあります。無断複製・転用等を禁じます。落丁・乱丁本はお取替えします。